我爱灿烂的五千年

# 了解一方文明从一座博物馆开始

文物没有呼吸
却有不朽的灵魂和生命
穿越千年与我们相逢

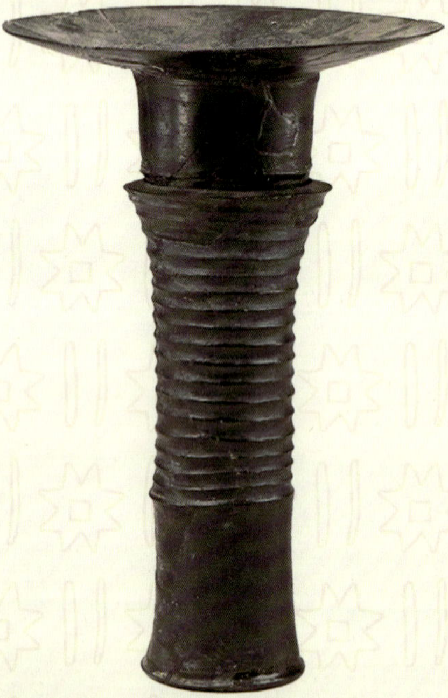

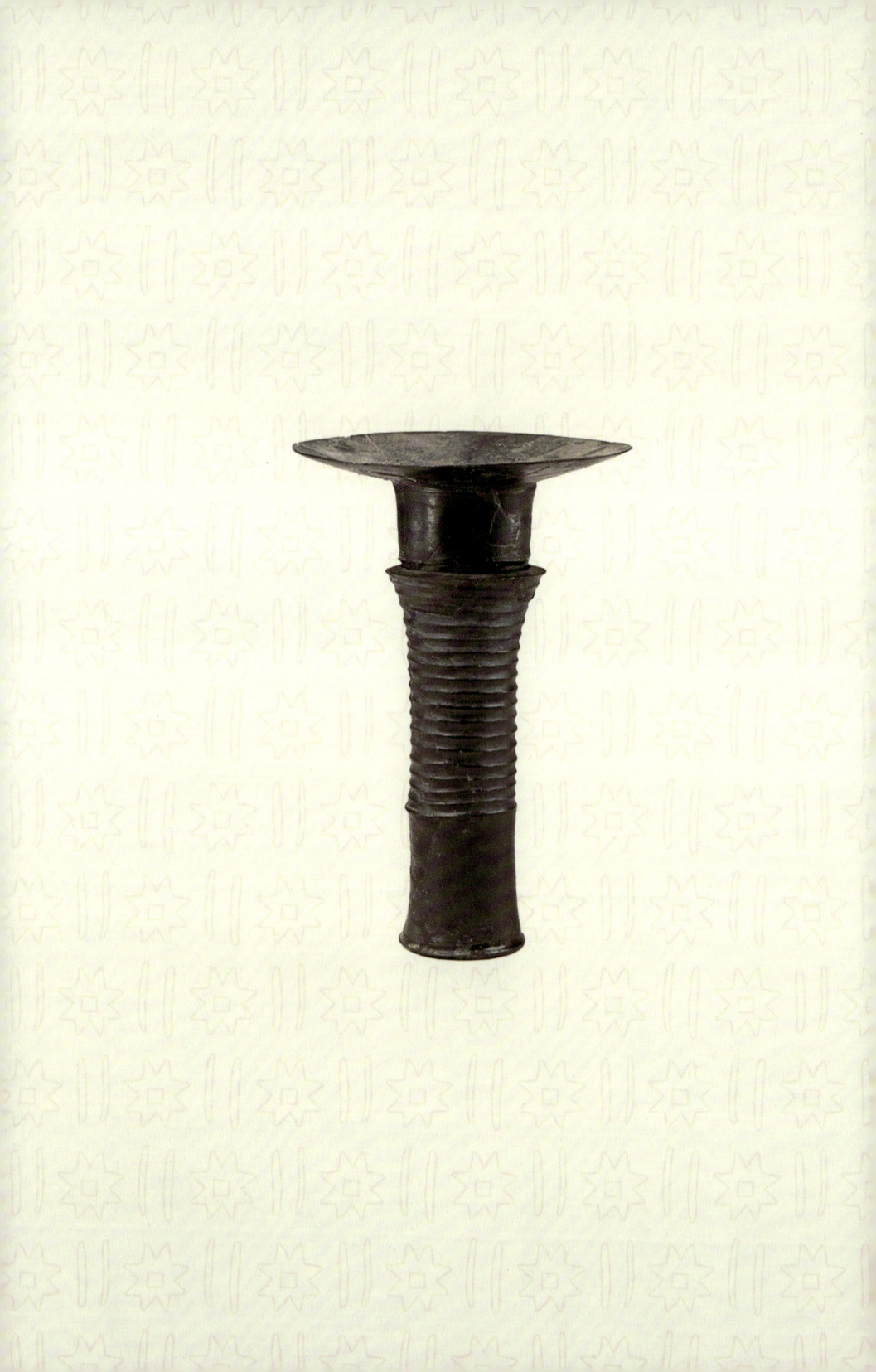

一本博物馆
全国博物馆通识系列

# 山东博物馆

山东博物馆 编著

四川人民出版社

图书在版编目（CIP）数据

山东博物馆 / 山东博物馆编著 . -- 成都：四川人民出版社，2024.10. -- （全国博物馆通识系列：一本博物馆）. -- ISBN 978-7-220-13725-9
Ⅰ . G269.275.2
中国国家版本馆 CIP 数据核字第 2024FZ9795 号

SHANDONG BOWUGUAN
山东博物馆
山东博物馆 编著

| 出 版 人 | 黄立新 |
| --- | --- |
| 选题策划 | 北京增艳锦添 |
| 统筹编辑 | 蒋科兰　李天果 |
| 责任编辑 | 张新伟 |
| 特约编辑 | 李天果　温　浩 |
| 特约校对 | 李永杰 |
| 责任印制 | 周　奇 |
| 装帧设计 | 北京增艳锦添　沈璜斌 |

| 出版发行 | 四川人民出版社（成都市锦江区三色路 238 号） |
| --- | --- |
| 网　　址 | http://www.scpph.com |
| E-mail | scrmcbs@sina.com |
| 新浪微博 | @ 四川人民出版社 |
| 微信公众号 | 四川人民出版社 |
| 发行部业务电话 | （028）86361653　86361656 |
| 防盗版举报电话 | （028）86361661 |

| 照　　排 | 北京增艳锦添企业形象策划有限公司 |
| --- | --- |
| 印　　刷 | 成都市东辰印艺科技有限公司 |
| 成品尺寸 | 155mm×220mm |
| 印　　张 | 19.25 |
| 字　　数 | 215 千 |
| 版　　次 | 2024 年 10 月第 1 版 |
| 印　　次 | 2024 年 10 月第 1 次印刷 |
| 书　　号 | ISBN 978-7-220-13725-9 |
| 定　　价 | 99.00 元 |

版权所有・侵权必究
本书若出现印装质量问题，请与我社发行部联系调换
电话：（028）86361653

## 《一本博物馆 山东博物馆》编写委员会

| 主　　编 | 刘延常 | 曹增艳 | | | |
|---|---|---|---|---|---|
| 副 主 编 | 卢朝辉 | 张德群 | 王勇军 | 高　震 | 温　浩 |
| 执行主编 | 周婀娜 | | | | |
| 编委成员 | 庄英博 | 孙承凯 | 李　娉 | 宋爱平 | 王冬梅 |
| | 吕　健 | 刘安鲁 | 范菲菲 | 韩敏敏 | 怀培安 |
| | 刘明昊 | 李天果 | 殷莲莲 | 席翠翠 | 岳娜娜 |

| 插画设计 | 闵宇璠 | 罗　玉 | 赵　静 | |
|---|---|---|---|---|
| 平面设计 | 翁玲玲 | 孙　博 | 赵海燕 | |
| 设计指导 | 刘晓霓 | | | |
| 诗文撰稿 | 曹增艳 | 张富遐 | | |
| 统　　稿 | 周浩然 | 李　思 | 鲍艳囡 | 刘　勇 | 曹增艳 |
| 书　　法 | 张其亮 | | | |

| 选题策划 | 北京增艳锦添企业形象策划有限公司 |
|---|---|
| | 潍坊增艳企划发展有限公司 |
| 资料提供 | 山东博物馆 |

# 前言

为什么出版"一本博物馆"系列图书？我们曾经反复追问自己，试图把这个问题表述清楚。

你是否有过这样的经历？每到一个地方，因为慕名而来，也因为带着一份好奇和对文化的膜拜，一定要参观一次当地的博物馆。于是，花费一两个小时，走马观花，耳目中塞满了没有任何基础铺垫的知识，看过博物馆只能说出其中几件知名度极高的藏品。绝大多数的观众穿越千山万水，可能一生中仅有一次机会与这些承载几千年历史的古物相见，而这一次起到的作用仅仅是"有助谈资"，对博物馆里真正的宝藏，仅算瞥了一眼。

### 大家需要"一本博物馆"

博物馆不是普通旅游景点，其中陈列着数以万计的文物，背后藏着丰富的文化内容。如果参观博物馆前不认真准备一番，只是匆匆走过，难免像看了一堆陈旧物品的"文化邮差"。参观博物馆前预习，参观时看到文物才会与它似曾相识；参观博物馆后温习，回味给自己留下深刻印象的内容和文化脉络，如此，才算基本了解一座博物馆。

### 博物馆里有一锅"文化粥"

如果说，考古是人类文明的"第一现场"，那么，博物馆则是"第二现场"，从发掘转向了收藏和展示。在博物馆中，人类文明被高度浓缩，大众得以与历史直面。

美国盲人作家海伦·凯勒曾在《假如给我三天光明》一书中写道，如果拥有三天光明，她会选择一天去博物馆："这一天，我将向过去和现在的世界匆忙瞥一眼。我想看看人类进步的奇观，那变化无穷的万古千年，这么多的年代，怎么能被压缩成一天呢？当然是通过博物馆。"

博物馆有多种类型：综合的、历史的、自然的、艺术的、科技的、特殊类型的，等等。博物馆里有百科，是一锅熬了千百年、包罗万象并经过系统整理、直观呈现人类文明的"文化粥"。

**文物是眼见为实的历史**

文物是眼见为实的历史，即使是学者们对此解读有争议，起码也是在实证的基础上进行的。如此，我们便更能了解历史的原貌，这是对历史的尊重。

**文物是形象化的记忆**

事物容易被记住往往首先是因为它有趣的形式。千言万语不及一张图。有学者推算，我们一般人"记忆中的语言信息量和形象信息量的比率为1∶1000"。文物正是因其有趣的形式、直观的形象，比文字记录更让人印象深刻。

**文化是民族的血脉和灵魂**

文化是民族的血脉和灵魂。一个国家、一个民族、一个家族、一个人的自信不仅缘于有多少财富、多大权力，还缘于其深厚的文化底蕴。好比我们以自己的家世为荣，有一天，拿着母亲的照片对别人说："这是我母亲年轻的时候，她也曾经风华绝代呢。"

如上缘起，博物馆专家团队与北京增艳锦添，联合出版"一本博物馆"系列丛书，根据每个博物馆展览陈列的线索，尽可能多地选取每个展厅中的文物，将翔实的内容、严谨的知识用通俗的语言表达出来，以有趣的形式呈现。我们的目的只有一个：大家拿着"一本博物馆"，走进一座博物馆，爱上连绵不断的中华文明。

# 序

　　山东历史悠久、文化厚重，是中华文明的重要发祥地之一。距今60万年前后，山东境内开始有了古人类的活动踪迹。距今约1万年至4千年之间，以后李文化、北辛文化、大汶口文化、龙山文化为代表的海岱文明一脉相承，形成了完整的山东史前文化谱系。山东为探索文明起源和早期国家的形成提供了极为重要的资料。东夷族团逐鹿中原，为华夏文化的形成做出了重要贡献。商文化、东夷文化、周文化、东周时期诸多文化的汇集，使得山东地区成为文化交流融合的最佳平台，最终奠定了齐鲁文化的核心地位，并孕育出礼仪之邦与儒家思想。秦汉隋唐，中华民族多元一体格局逐步确立和发展。秦抚东疆，齐鲁兴汉，民族交融，文化兼容并蓄，为中国大一统历史进程做出突出贡献。宋元明清时期，山东成为近畿重地，陆海交汇，运河贯通，多元文化交融，文脉深厚绵长，文明成就斐然。近现代时期，山东人民历经革命烽火的洗礼与考验，铸就出"党群同心、军民情深、水乳交融、生死与共"的沂蒙精神。古往今来，山东创造了一个又一个走在前列的故事，为中华优秀传统文化的形成和凝聚提供着丰厚滋养。

　　山东博物馆原名山东省博物馆，成立于1954年，是新中国成立后建立的第一座省级综合性地志博物馆。2010年11月16日，博物馆新馆对外开放，并更名为山东博物馆。山东博物馆文物藏品种类丰富、特色鲜明。藏品涵盖玉石器、陶瓷器、青铜器、书画、漆木器、自然标本等21类文物，其中石刻类文物，极具地方特色，在全国占有重要地位。甲骨文、近现代文物的数量都居全国前列。

　　山东博物馆拥有展厅20个，展陈面积2.5万平方米，形成以基本陈列"海岱日新——山东历史文化陈列"为核心，"佛教造像艺术展""汉画　汉风　汉魂——山东汉画像石艺术展""山东龙——穿越白垩纪"等专题展览为支撑，原创性临时展览为补充的展览体系。展览内容涵盖历史文物、红色文化、自然生态等，全方位满足观众文化需求。2024年5月"海岱日新——山东历史文化陈列"荣获第21届（2023年度）全国博物馆十大陈列展览精品推介精品奖。自2010年新馆开放以来，山东博物馆先后7次入围该评选活动终评，三次荣获"全国博物馆十大陈列展览精品推介精品奖"，四次荣获"优胜奖"。

《一本博物馆·山东博物馆》是一本探索山东博物馆文物宝库的科普读物，是山东博物馆新馆开放以来，第一本全面介绍山东博物馆基本陈列和特色陈列的出版物。本书选取200余件重点文物，用图文并茂的形式、生动活泼的语言，解读山东博物馆丰富藏品的内涵，为读者提供一份独特的山东博物馆打卡攻略和参观指南。我们期望广大读者走进山东博物馆，领略齐鲁风采，品读好客山东。

刘延常

山东博物馆馆长

2024年1月1日

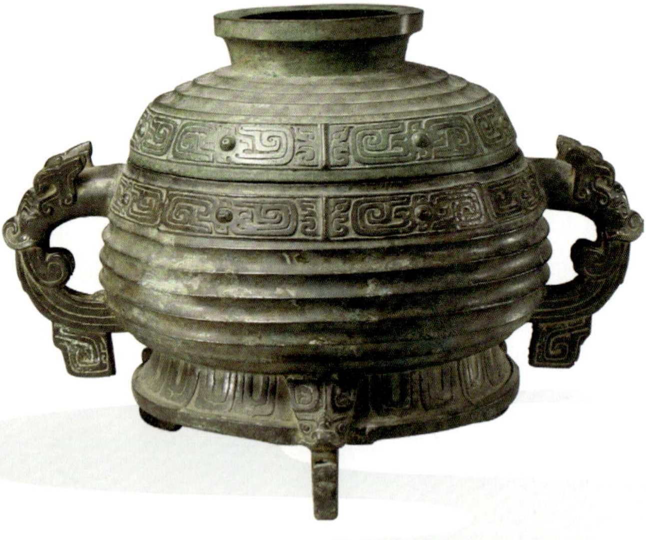

# 目录

## 了解山东博物馆
山东博物馆导视图 /002
山东博物馆简介 /004

## 海岱日新——山东历史文化陈列

### 史前
### （约300万年前—公元前21世纪）

#### 第一部分 旧石器时代

沂源猿人——最早的山东人
沂源猿人头盖骨 / 牙齿化石 /012
石刮削器 /013

沂水跋山遗址——旧石器时代中期旷野遗址
象牙铲 /014

乌珠台人——旧石器时代晚期居民
乌珠台智人臼齿化石 /015

山东地区细石器
细石器（一组）/016

#### 第二部分 新石器时代

后李文化
石磨盘 / 石磨棒 /019
陶猪 /020

北辛文化
三足陶釜 /021

目录 001

大汶口文化
有段石锛 /023
骨镰 /024
骨针（带针管）/024
石纺轮 /025
灰陶镂空豆 /026
红陶双联鼎 /027
红陶三足折腹鼎 /028
八角星纹彩陶豆 /029
彩陶壶 /030
云雷纹彩陶釜 /031
彩陶背壶 /032
玉锥形器 /033
玉臂环 /034
玉串饰 /035
束发器 /036
红陶兽形壶 /037
大口尊 /038
白陶筒形豆 /039
白陶三足盉 /040
黑陶高柄杯 /041
红陶袋足鬶／白陶鬶 /042
玉璧 /043
玉琮 /044

嵌绿松石玉钺 /045
獐牙勾形器 /046
镶绿松石骨雕筒 /047
彩陶鼓 /048
陶质牛角号 /049

龙山文化
橙黄陶袋足鬶／白陶鬶形盉 /050
石箭镞 /051
蛋壳黑陶高柄套杯 /052
蛋壳黑陶高柄杯 /053
大陶甗 /054
黑陶单把杯／黑陶双耳杯 /055
黑陶高圈足豆 /056
黑陶鸟喙足鼎 /057
兽面纹玉锛 /058
玉牙璋 /059
玉牙璧 /060
四孔大玉刀 /061
丁公陶文 /062

## 第三部分　早期青铜时代

岳石文化
双孔石刀／铜镯／铜刀 /064
亚腰石斧 /064
陶舟形器 /065
陶甗 /065

002　山东博物馆

# 商周
（约公元前 1600—公元前 221 年）

## 第一部分　商夷交融
举方鼎 /068
铜卣 /069
铜爵 /070
铜觯 /070
铜觚 /071
铜弓形器 /072
铜马衔 / 铜马镳 /073
"允雨"卜骨 /074
铜罍 /075
融方鼎 /076
融簋 /077
亚醜钺 /078
铜戈 / 铜矛 /079
嵌绿松石玉柄形器 /080
双孔玉戚 /080
眉鬲 /081

## 第二部分　礼仪之邦
泱泱齐风
铜簠 /084
铜觥 /085
公子土父壶（公孙灶壶）/086
国子鼎 /087
盔形器 /088
齐刀币 /089
赒六化石范 /090
红色绢地刺绣残片 /091

玛瑙串饰 /092
水晶玛瑙串饰 /093
鹰首匜 /094
瓦当 /095
乐舞陶俑 /096
铜餐具 /097
错金银镶松石三钮镜 /098

周礼在鲁
鲁姬鼎 /099
禽钮铜铺 /100
作宝鼎 /101
颂簋 /102
楚高罍 / 右征尹罍 /103
玉璧 /104

诸国林立
裸人铜方奁 /106
莒平钟 /107
冀伯匜 / 冀伯盘 /108
冀伯子庭父盨 /109
石编磬 /110
启卣 /111
黄太子伯克盆 /112
吴王夫差铜剑 /113
邳伯罍 /114
陈侯壶 /115
龙纹簠 /117
鱼龙纹盘 /118

目录　003

# 秦汉隋唐
（公元前221—公元907年）

## 第一部分　秦抚东疆

始皇诏陶量 /121
秦二世诏版 /122
琅琊侯印封泥 /123

## 第二部分　齐鲁兴汉

郡国并行
"关内侯印"金印 /125
临淄丞印封泥 /126

王侯荣光
鎏金双螭铜车辖 / 鎏金铜轭角 /127
鎏金龙形铜车饰 / 鎏金环形铜车饰 / 鎏金虎头铜辕饰 / 鎏金铜衡末 /128
鲁灵光殿砖 /130
白玉透雕龙纹玉璜 / 白玉龙形佩 /131
虎钮铜錞于 /132
齐大官畜南宫铜盆 / 齐大官畜南宫鼎 /133

生活百态
绿釉陶厨俑 /134

独尊儒术
熹平石经残石 /135

齐地兵书甲天下
银雀山汉简《孙子兵法》/《孙膑兵法·擒庞涓》/136

汉史画卷
麃孝禹碑 /138
刘汉作石狮 /139
孙氏阙画像石 /139

## 第三部分　交融鼎盛

世家大族
彩绘陶牛车 /141

熠彩千年
徐敏行墓壁画 /142

窑火神工
绞胎盘 /144
三彩双鱼穿带瓶 /145

# 宋元明清
## （公元 960—公元 1911 年）

### 第一部分　东方藩屏

富甲四方
定窑白釉刻花鱼纹碗 /148
哥窑洗 /149

民族融合
白釉加彩人物俑 /150

### 第二部分　咽喉要津

天下腹心
至元二十九年益都路铜权 /151
"济宁路奥鲁印"铜印 /152

生活画卷
景德镇窑青白釉暗花玉壶春瓶 /153

人文蔚兴
白地黑花"一琴一鹤"长方形枕 /154

### 第三部分　山左名区

司省设置
无款《戚继光画像》轴 /156
无款《邢玠画像》轴 /157
郑燮《手批判词》册 /158

尊孔崇儒
衍圣公朝服上衣、下裳 /159
大红色四兽朝麒麟纹妆花纱女袍 /160
牙雕笏板 /161

文脉绵延
赵孟頫《雪赋》卷（局部）/162
崔子忠《春夜宴桃李园图》轴 /163
冯起震《墨竹图》轴 /164
邢侗《行书杜甫诗》轴 /165
张应召绘《黄培画像》轴 /166

张应召绘《黄培画像》轴 /166
刘墉《节临颜真卿送刘太冲序帖》轴 /167
郑燮《双松图》轴 /168
禹之鼎绘《渔洋山人幽篁坐啸图》卷 /169
高凤翰《折枝花卉图》卷 /170
高凤翰雪浪金星砚 /171

## 第四部分　舟楫往来

截弯取直
大元新开会通河记事碑拓片 /172

漕粮运输
梁山漕船 /173

因运而兴
《山东运河图》卷 /174

## 第五部分　大河流长

《历代黄河变迁图考》 /176

# 大道之行
## ——山东近现代历史文化

### 第一部分　时代嬗变

天涯何处是神州
七星宝剑 /179

### 第二部分　光耀齐鲁

红色文化时代归旨
《晨钟报》报头印模 /180

十年磨砺浴火涅槃
周恩来辗转相送刘谦初的毛毯 /181

团结抗战执行模范
北海银行冀鲁边支行湖景五角石钞版 /182

沂蒙精神
"人民靠山"锦旗 /183

## 鲁王之宝——鲁荒王珍藏

### 第一部分　王事礼仪

"鲁王之宝"木印 /187
白玉圭 / 墨玉圭 / 戗金云龙纹朱漆木匣 /188
描金云龙纹青玉佩 /189
九旒冕 /190
九缝皮弁 /191
乌纱折上巾 /192
妆金云肩盘龙纹通袖龙襕缎辫线袍 /193
金镶灵芝纹白玉带板 /194
镶宝石金带饰 /195
戗金云龙纹朱漆盝顶木箱 /196

### 第二部分　生活起居

金器 /198
朱漆木架子罗汉床 /198
石面心朱漆木长方桌 /200
青白釉云龙纹梅瓶 / 青白釉云龙纹盖罐 /201

### 第三部分　文房珍宝

白玉花形杯 /203
水晶鹿镇纸 /204
水晶独角兽砚滴 /205
青玉砚 /206
天风海涛黑漆木琴 /207
围棋 /208
《葵花蛱蝶图》卷 /209
《黄氏补千家注纪年杜工部诗史》 /210
《朱子订定蔡氏（书）集传》 /211

### 第四部分　车马出行

车骑仪仗 /213
白彩木雕鞍马 / 彩绘木肩方杌俑 / 彩绘左手牵马木俑 / 彩绘右手牵马木俑 /214
朱漆木象辂 /215
木翣 /215

目录　007

# 汉画 汉风 汉魂——山东汉画像石艺术展

### 第一部分　辉煌汉画

汉初八年画像石（阴线刻）/221

### 第二部分　天界仙境

西王母画像石 /223
东王公画像石 /224
西王母、伏羲女娲画像石 /225
延光元年（122年）画像石 /226
九头人面兽画像石 /227
三羊开泰画像石 /227
铺首衔环画像石 /228
百兽率舞画像石 /229

### 第三部分　现实生活

石椁画像石 /230
胡汉交兵画像石 /231
纺织画像石 /232
庖厨、车骑画像石 /233
粮囤画像石 /234
狩猎画像石 /235
楼阁人物画像石 /236

### 第四部分　东平汉墓壁画

云纹及金乌画像 /238
武士画像 /239
宴饮乐舞及方相氏驱疫画像 /240
导引升仙及生活画像 /241

### 第五部分　忠孝文化

历史故事画像石 /243
孔子见老子画像石 /244
季札挂剑、二桃杀三士画像石 /245
管仲射小白画像石 /246
周公辅成王、泗水捞鼎画像石 /247

## 佛教造像艺术展

### 第一部分　山东地区佛教造像

比丘道休造弥勒佛像 /251
背屏三尊像 /252
贾智渊造背屏三尊像 /253
蝉冠菩萨像 /254
贴金彩绘佛像 /255
贴金彩绘佛像 /257
贴金彩绘背屏三尊像 /258
路文助造背屏三尊像 /259
张海波造三尊像 /260
贴金彩绘佛像 /261
菩萨像 /262

### 第二部分　山东佛寺遗存

杨瓒造龙虎塔 /264
银塔 /265

### 第三部分　金铜造像

千手观音铜像 /267

## 山东龙——穿越白垩纪

巨型山东龙 /270
师氏盘足龙（模型）/271
中国鹦鹉嘴龙头骨 /272
中华狼鳍鱼 /273
诸城中国角龙（模型）/274
棘鼻青岛龙（模型）/275
柏树干硅化木 /276
中国谭氏龙股骨远端化石 /276
厚皮圆形蛋 / 金刚口椭圆形蛋 /277

生字词注音释义 /278

山东博物馆
SHAN DONG MUSEUM

# 了解山东博物馆

成立时间：**1954年**
地理位置：**山东省济南市经十路11899号**
建筑面积：**8.29万平方米**
常设展览：**"海岱日新——山东历史文化陈列""汉画 汉风 汉魂——山东汉画像石艺术展""佛教造像艺术展""山东龙——穿越白垩纪"等展览**
藏品数量：**217145件（套）**
藏品特点：**以陶瓷器、青铜器、甲骨文、简牍、石刻、明代服饰、古籍善本等最具特色**

# 山东博物馆
# 导视图

## 1F

1 佛教造像艺术展
2 汉画 汉风 汉魂——山东汉画像石艺术展
3 特展厅
4 特展厅
5 鲁王之宝——鲁荒王珍藏

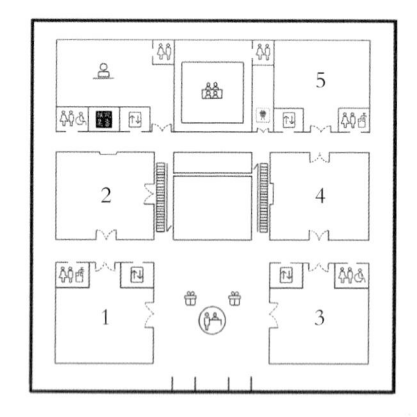

## 2F

6 海岱日新——山东历史文化陈列（史前）
7 海岱日新——山东历史文化陈列（商周）
8 海岱日新——山东历史文化陈列（秦汉隋唐）
9 海岱日新——山东历史文化陈列（宋元明清）
10 餐饮·文创
11 餐饮·文创
12 大道之行——山东近现代历史文化
13 馆藏精品书画展
14 瓷·韵——馆藏明清官窑瓷器展

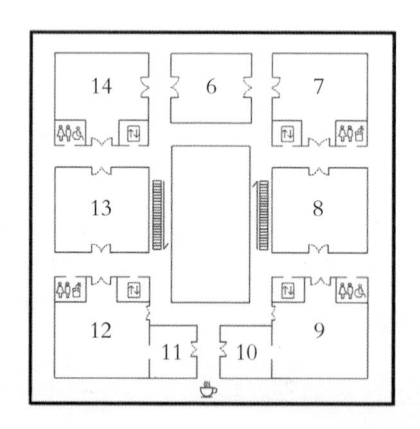

| 图标 | 名称 |
|---|---|
| | 学术报告厅 |
| | 接待厅 |
| | 导览咨询台 |
| | 电梯间 |
| | 水吧 |
| | 礼品店 |
| | 沉香雅集 |
| | 黄河文化研学中心 |
| | 饮水间 |
| | 卫生间 |
| | 无障碍卫生间 |

# 3F

15 展厅
16 走近考古
17 展厅
18 非洲野生动物大迁徙展
19 非洲野生动物大迁徙展
20 山东龙——穿越白垩纪
21 晶·彩——探寻神奇的矿物世界
22 展厅

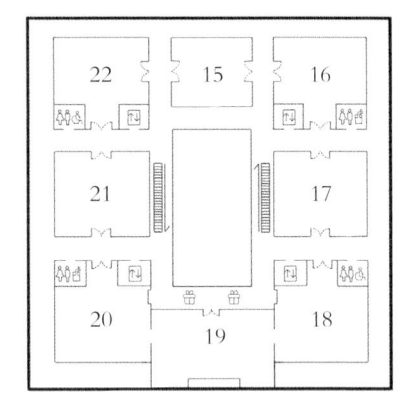

# 4F

23 穹顶

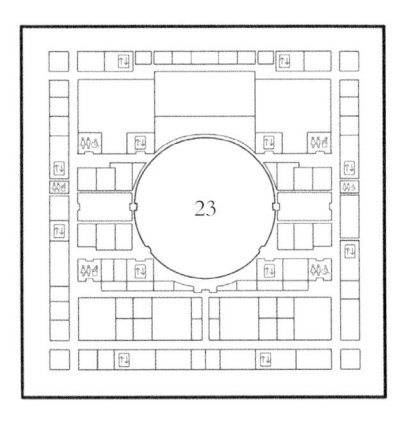

# 山东博物馆
# 简介

## 历史沿革

　　1954年，山东省博物馆成立。

　　1954年—1980年，山东省博物馆作为山东唯一的省级文博机构，承担了山东境内地上地下文物的保护工作，开展了大量田野调查，进行了一系列考古发掘，收藏了大量珍贵出土文物。

　　1991年8月，位于千佛山北麓的新馆动工兴建，1992年10月落成开放。

　　2006年，山东省委、省政府提出了建设山东文化强省的战略目标，山东省博物馆新馆建设又一次提上日程，新馆选址在济南市区主干道经十路东段。

　　2007年12月29日，新馆举行奠基典礼；2010年6月新馆圆满竣工；2010年11月16日正式向社会开放，"山东省博物馆"至此更名为"山东博物馆"。

# 概　况

　　山东博物馆（原名山东省博物馆）成立于1954年，是新中国成立后建立的第一座省级综合性地志博物馆，国家一级博物馆，也是山东省规模最大、藏品最丰富的博物馆，是收藏、研究、展示海岱文明、齐鲁文化、儒家文化的重要阵地。

　　山东博物馆占地面积210亩，主体建筑面积82900平方米，展陈面积25000平方米。现有馆藏文物与自然标本共计217145件（套），其中珍贵文物49020件（套）。常设展览有"海岱日新——山东历史文化陈列""汉画 汉风 汉魂——山东汉画像石艺术展""佛教造像艺术展""鲁王之宝——鲁荒王珍藏""山东龙——穿越白垩纪"等展览。馆内每年不定期举办内容丰富的临时展览，多个展览深受观众喜爱且在全国有一定影响力，如"衣冠大成——明代服饰文化展""礼运东方——山东古代文明精粹"等。另外，山东博物馆的官网以数字展厅的形式，给观众呈现3D展厅，使线下临展变成线上常展，让大众能以多元的方式欣赏和回顾展览。

## 主要藏品及突出特点

山东博物馆的藏品以陶瓷器、青铜器、甲骨文、简牍、石刻、明代服饰、古籍善本等最具特色。其中，红陶兽形壶、蛋壳黑陶高柄套杯、亚醜（chǒu）钺（yuè）、甲骨文、颂簋（guǐ）、鲁国大玉璧、银雀山汉简《孙子兵法》《孙膑兵法》、东平汉墓壁画、九旒（liú）冕、郑燮《双松图》轴为山东博物馆的十大"镇馆之宝"。

## 海岱日新——山东历史文化陈列

山东历史悠久、文化厚重，是中华文明的重要发祥地之一。

此展览以时代为纲，以"彰显齐鲁文化魅力、展示山东文明发展历程、突出馆藏文物特点、体现最新学术研究成果"为展览理念，分为"史前""商周""秦汉隋唐""宋元明清""近现代"五个部分，展出文物2000余件，展示60万年来山东大地的沧桑巨变。

## 鲁王之宝——鲁荒王珍藏

此展览展出的是明朝第一代鲁王朱檀墓中珍贵的出土文物，如冕冠佩饰、家具服装、笔墨纸砚、琴棋书画、彩绘木俑等等。

这些文物既是鲁王朱檀王府生活的真实缩影，又反映了明朝工艺制作的高超水平，对于研究明初社会的政治、经济、文化等具有重要的史料价值。

## 汉画 汉风 汉魂——山东汉画像石艺术展

山东地区汉代画像石是中国汉代画像石艺术的杰出代表，其产生时间早、延续时间长、发现数量多、内容题材与雕刻技法丰富。本馆所展出的展品来自济宁、枣庄、泰安、临沂、济南及烟台等地区，嘉祥武氏祠、长清孝堂山祠堂等出土的汉代画像具有极高的艺术价值。

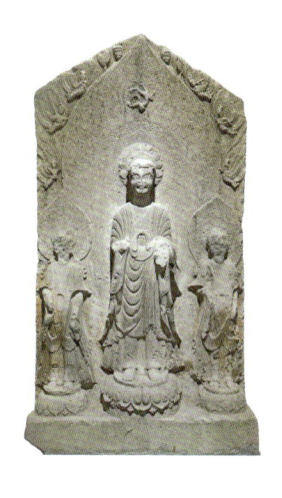

## 佛教造像艺术展

山东是古代中国佛教文化与艺术的兴盛之地。20世纪80年代以来，山东境内多次发现佛教窖藏坑和佛塔地宫遗存，出土了众多佛教造像和相关文物，引起了全国乃至世界的极大关注，也掀起了学术界研究山东佛教造像艺术的热潮。

## 山东龙——穿越白垩纪

在山东多地白垩纪地层中保存的恐龙及其遗迹化石，堪称恐龙帝国中"迷失的白垩纪世界"。山东也是中国最早进行恐龙科学发掘与研究的地区，从20世纪初开始，一大批杰出的地质和古生物学家代代相承，投身山东恐龙的发掘与研究工作，推动了中国恐龙研究事业的发展，拼缀出白垩纪山东恐龙的生命图景。

了解山东博物馆 007

# 海岱日新——山东历史文化陈列

　　山东历史悠久、文化厚重，是中华文明的重要发祥地之一。远古时代，山东先民创造出后李文化、北辛文化、大汶口文化、龙山文化、岳石文化等谱系清晰、脉络完整的史前文化，构成早期中华文明的重要支柱。夏商周三代以来，山东素有礼仪之邦、孔孟之乡的美誉，孔子、孟子、

庄子、孙子、墨子等众多先哲诞生于此，对中国思想文化乃至人类文明发展产生了深远影响。近现代时期，山东人民植根于五千多年厚重的文明底蕴，历经革命烽火的洗礼和考验，铸就出"党群同心、军民情深"的沂蒙精神。古往今来，山东创造了一个又一个走在前列的故事，为中华民族的形成和凝聚提供着丰厚滋养。

"海岱日新——山东历史文化陈列"以时代为纲，以"彰显齐鲁文化魅力、展示山东文明发展历程、突出馆藏文物特点、体现最新学术研究成果"为展览理念，分为"史前""商周""秦汉隋唐""宋元明清""近现代"五个部分，展出文物2000余件，展示60万年来山东大地的沧桑巨变。展览集中展示博物馆事业发展的最新成果，采用新材料、新工艺、新媒体、新技术，艺术与科技融合，实现展览信息的多样化传达，为不同层次的观众提供多元化的展览体验，提高了展览的可视性、互动性，给观众带来全新的体验。

# 史前

## 约300万年前—公元前21世纪

距今约60万年，山东境内开始有了古人类的活动踪迹。距今10000年—4000年之间，属于新石器时代的后李文化、北辛文化、大汶口文化、龙山文化一脉相承，形成了独具特色的山东史前文明。作为中华文明多元一体中的重要一元，黄河下游地区悠久而又神秘的海岱史前文明，为中华文明的起源和形成奠定了坚实的基础，做出了重要的贡献。

# 第一部分
# 旧石器时代
## （距今300万年—距今1万年）

山东是中国古人类演化的重要地区之一。在鲁中南山地丘陵、沂沭（shù）河流域下游的冲积平原、日照沿海和胶东半岛等地区，发现了多处以打制石器为主要特征的旧石器时代遗址，比较完整地展示出中国早期人类及其文化的发展历程。

## 沂源猿人——最早的山东人

沂源猿人是迄今已知最早的"山东人"，20世纪80年代因发现于山东沂源县骑子鞍山洞穴而得名。该遗址出土的人类化石包括直立人头盖骨1块、眉骨2块、牙齿7枚，分属于两个成年直立人个体，经测定，其年代为距今72万年—56万年。沂源猿人化石具有直立人向早期智人过渡的体质特征，填补了我国猿人地理分布的空白。

沂源猿人遗址

# 沂水之源山东源

**沂源猿人头盖骨／牙齿化石**

旧石器时代

前囟（xìn）点（额顶点）处厚0.9cm

山东淄博沂源土门镇骑子鞍山出土

  1981年9月，沂源县文物普查人员在土门镇九会村骑子鞍山边发现了猿人头盖骨化石，后经发掘，共获得哺乳动物化石10余种。经北京大学吕遵谔教授鉴定，确系旧石器时代的猿人遗骸，这种猿人被命名为"沂源猿人"，又名"沂源人"。

  最新研究和测年结果显示，沂源猿人化石的年代应该是距今72万年—56万年，比原来认为的年代向前推了20多万年，说明人类先祖至少在60万年前就在山东地区繁衍生息了。

  这一考古发现为探索石器时代山东地区的文化起源以及早期发展提供了重要线索，是中国史前考古的一项重大收获。作为山东重要的旧石器时代遗址，沂源猿人遗址现已成为研究人类起源的重要科学基地。

## 石刮削器

旧石器时代
最长7.1cm　最宽4.5cm
山东淄博沂源"山东一号洞"采集

　　山东有一个洞穴在我国考古文献中被命名为"山东一号洞",可见这个洞在山东的"辈分"。这些石器即出土自"山东一号洞",它们呈不规则形状,有明显使用痕迹。这是在华东地区首次发现的旧石器时期的文化遗址。这一文化遗址的发现,对揭示黄河下游远古人类的活动历史有着重要意义。

　　山东地区旧石器时代早期的石器制造主要为一种石片石器。石头都是就地取材,采用锤击和砸击两种剥片方法,多片状毛坯,石器特征跟同时期的北京猿人石器很相似,但以大中型石制品为主,具有自身的特色。这些石片和刮削器的特征是单面开刃,类似现代的刀具,是对石片的一边进行加工而成的,具有锯、割、刮、削的功能,可以用来剥取野兽皮毛或切砍肉食。

石片单刃样样全

## 沂水跋山遗址
—— 旧石器时代中期旷野遗址

2021年，考古人员在山东沂水跋山发现了一处距今10万年至6万年的旧石器时代中期旷野遗址，发掘出5000余件制作精美的石制品、骨角牙制品、动物化石，以及3处用火遗迹和有人类活动的地面。跋山遗址的发现，对于建立我国东部地区旧石器时代中期文化序列，论证中国乃至东亚人类的连续演化、生存环境具有重大价值。

**象牙铲**
旧石器时代
长50cm
山东临沂沂水跋山遗址出土

手持象牙世罕见

这件象牙铲出土于沂水跋山遗址，距今已经有9.9万年，是目前中国发现的最早的象牙制品。如此以象牙为原料制作实用工具，且时代达到10万年前后的，在世界范围内较为罕见。

在该遗址出土的骨牙角制品中，有用动物肢骨、象牙和鹿角磨制的锥形器、铲形器。目前采用铀系法及光释光两种测年方法对这件大型象牙铲和同层土壤进行测定，分别断定其年代为距今9.9万年和10.4万年。

## 乌珠台人
### ——旧石器时代晚期居民

1966年,乌珠台人化石在新泰乌珠台村石灰岩溶洞被发现,属于旧石器时代晚期人类化石。

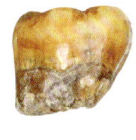

*一颗臼齿的多个面*

**乌珠台智人臼齿化石**

旧石器时代
齿冠,冠径1.16cm 高1.04cm
山东泰安新泰东都镇乌珠台村出土

　　经鉴定,此为一个少女的左下臼(jiù)齿,牙齿不粗壮,特征接近晚期智人。

　　乌珠台距新泰城10千米左右,相传金朝时期名将金兀术(wù zhú)曾在此与宋高宗赵构决战,初拟村名兀术台,后将"兀术"演绎为"乌珠",故更今名"乌珠台"。

## 少女留齿乌珠台

海岱日新 015

## 山东地区细石器

大约在距今3万年至1万年，石器制造技术普遍出现小型化、复合化趋势，这一时期被称作"中石器时代"或"细石器时代"，由此开启了旧石器时代向新石器时代的过渡。其主要文化特征是细小的间接打制石器。目前山东地区细石器文化遗存主要发现于沂沭（shù）流域和汶泗流域，共140多处，这些遗存不仅填补了山东从旧石器时代晚期到新石器时代早期之间的历史空白，同时也填补了我国细石器文化地理分布上的一块空白。

## 冰河催得细石生

**细石器（一组）**

旧石器时代
最大径3cm
山东临沂郯城马陵山采集

这些细石器主要包括细石核、细石叶、两面加工的石制品〔镞（zú）形器〕、端刮器、钻器、使用石片、石片等。它们看起来其貌不扬，却很可能是铁锹、匕首、箭镞和矛头的早期形态。

中石器时代的最大特点是石器细小化，大量出现长度在2～3厘米的细石器，导致石器越来越小的原因是一次旷日持久的全球大降温。

冰期严苛的环境使得植被退化，大型动物迅速减少。一些现代人类的近亲也由于寒冷、食物短缺等原因走向了消亡。为了能够在末世中生存下来，人类的祖先不得不扩大食物来源，广泛获取小型动物，包括鸟类、鱼类和贝类等，而更适合加工这种小型食物的细石器便应运而生。

---

**小知识：海岱地区**

　　海岱，是指今山东省渤海至泰山之间的地带。古代也称青、徐二州之地为"海岱"。

　　古代诗人有许多描写"海岱"的诗句，表达了诗人对海岱自然景观的赞美。

　　唐代杜甫诗："浮云连海岱，平野入青徐。"

　　宋代苏辙诗："东来亦何求，聊欲观海岱。"

　　明代何景明诗："风节云霄上，霜威海岱间。"

# 第二部分
# 新石器时代
## （距今1万多年—距今4000多年）

　　山东土著居民东夷族创造的史前文化，历经扁扁洞类型、后李文化、北辛文化、大汶口文化、龙山文化等不同的发展阶段，是发展序列完整、自成一系的史前文化体系，这一具有传承关系的文化序列，展现了东夷文化的源远流长，为探索中华文明的起源和发展提供了重要证据。

> **小知识：扁扁洞遗址**
>
> 　　扁扁洞遗址因发现于沂源张家坡镇北桃花坪村扁扁洞而得名，是中国北方地区一处十分重要的早期人类活动的洞穴遗址。洞中发掘出了制作精良的石磨盘、石磨棒以及古人类活动面、灶址等，磨盘上还发现了加工过坚果的证据，表明山东是世界范围内率先进入新石器时代的地区之一，开启了山东史前文明崭新的一页。

扁扁洞遗址

## 后李文化

后李文化距今9000年—7000年，遗址主要分布在泰沂山北麓的山前平原地带，优越的地理环境为农业的产生和发展提供了良好的基础。这一时期的居民，在聚落内建造起面积较大的方形半地穴式房屋，栽培粟、黍、稻等农作物，从事采集、渔猎、家猪饲养等生产活动。

## 西河石磨出东夷

**石磨盘／石磨棒**

新石器时代
石磨盘，长62cm　最宽29cm　厚6cm
石磨棒，长11.4cm
山东济南章丘西河遗址出土

后李文化遗存中出现的石质工具表明，当时的人已经开始用石磨盘和石磨棒给采集和种植的种子脱壳，或用于加工坚果类食物。

《易经》中记载："神农氏作，斫木为耜（sì），揉木为耒（lěi），耒耨（nòu）之利，以教天下。"意思是神农氏教大家砍削树木做成犁头，揉弯木头做成犁柄，以便除草耕种和收割粮食。可见，农具的出现与发展是与农业的出现相适应的。

## 屋下有豕方为家

**陶猪**

新石器时代

长11cm

山东济南章丘西河遗址出土

  这只陶猪为夹砂红褐陶，整体捏塑而成，头部较大，吻部前突，应该是驯化初期的家猪形象。其造型朴拙，仪态可爱，展现了先民的家畜饲养情境和审美意趣，也是这一时期驯化猪的有力证据之一。

  中国是世界上最早驯养家猪的国家之一，先民对猪的看重，从"家"这个字的结构可见一斑："家"字宝盖头下面是"豕（shǐ）"，即"猪"。

---

**小知识：考古学文化**

  考古学文化是考古学研究的重要内涵，指存在于一定的时间和空间的一组具有特征的实物遗存，用以表示考古遗存中（主要是史前时期）属于同一时期有地方特征的文化共同体。国际上通常以首次发现某种考古学文化典型遗址的地名来命名，如仰韶文化、龙山文化。

## 北辛文化

北辛文化距今7000年—6000年，这一时期的经济形态表现为以农业为主，饲养家畜、狩猎采集为辅的农耕经济模式，出现了较为先进的锄耕农业。制陶技术开始发展，出现了陶鼎等三足器。在生产活动中已出现了不同的社会分工。

**釜鼎本是一脉生**

**三足陶釜**（fǔ）

新石器时代
高28.3cm　口径31.4cm
山东枣庄滕州北辛遗址出土

我国古代先民至少在一万年之前就已经掌握了制作陶器的技术。

陶器发明以前，原始人类烹饪肉食的方法基本是直接在火上烤。陶器发明后，先民们学会了用陶制的容器烹饪食物。为了让食物受热更快，陶器多采用圜（huán）底，扩大了陶器与火的接触面，但是圜底不易放置，为了解决这一难题，人们用石块垒成简易的灶台，将陶釜放在上面加热。然而，灶台容易倾倒，也不便携。聪明的山东先民发现了三点支撑最具稳定性的规律，便在釜底制作出三足。于是，可以直接在火上加热的三足陶釜诞生了。

三足陶釜最初出现于山东，后扩散到毗邻的河北、河南等中原地区，并逐渐演变成了三足鼎。在几千年后的商周时期，由三足陶釜演变而成的鼎成为具有仪礼规制的礼器。

## 大汶口文化

大汶口文化距今6000年—4400年，是分布于黄河下游一带的新石器时代文化，因山东泰安岱岳区大汶口镇大汶口遗址而得名。大汶口文化是海岱文明起源和形成的关键阶段，孕育了以棺椁葬具、各种礼器等为代表的东方礼制。城址的出现和社会分化的加剧，预示着我国文明之路的开启。大汶口文化在自身快速发展的同时，深度开展与周边地区的文化交流，共同谱写了中华大地迈向文明共同体的史诗篇章。

**小知识：大汶口居民的房屋**

山东地区史前房屋的形式大致上经历了从半地穴、浅穴式到地面式再到台基式几个阶段；由圆形向方形演进，从木骨墙到夯土墙，柱础从无到有；有小型化、差异化、规范化的趋势，房屋建造技术逐渐提刋。大汶口文化早期的房址平面形状更加多样，有圆形、椭圆形、方形和长方形四大类别，随后的中晚期阶段圆形、椭圆形锐减，直到龙山时期，方形和长方形都是主要的房址形状。

干栏式建筑

半地穴式建筑

地面式建筑

# 石锛插翼越南洋

**有段石锛**（bēn）

新石器时代

长14cm

山东泰安大汶口遗址出土

　　大汶口文化时期的气候温暖湿润，农作物以粟为主，同时还兼种黍和水稻。农业生产工具的种类和数量明显增多。农业生产工具有石铲、石斧、石刀、大中型石锛、骨镰等；农具加工工具有小型石锛、石凿等；渔猎工具有石矛、骨镖、骨镞（zú）、牙质鱼钩等。

　　石锛是一种从新石器时代至青铜时代广泛流行的生产工具，外形一般平面呈长方形或梯形，单面刃。一般认为其主要用于砍伐、挖凿、削斫木头或竹子。有段石锛是石锛中的一种特殊类型，它的背呈弧形，偏上有横脊、凹槽或台阶将其分成了上下两段有段石锛由此得名。

　　有段石锛形体小巧，需要配合木柄等部件构成复合工具才能正常使用，一般将石锛横向嵌装在木柄前端，或者用绳索将石锛牢固地绑在曲尺形的木柄上。

　　有段石锛是我国东部沿海区域最具特色的生产工具之一。最早发源于中国大陆，而后传入台湾，再由台湾传播到南洋群岛以及太平洋诸岛。

**骨镰**

新石器时代
长14.5cm
山东泰安大汶口遗址87号墓出土

镰本锲也骨为锋

　　骨镰是一种传统农具，它通常由兽骨加工磨制而成，两端呈镰刀状，主要用于收割农作物。

　　骨器的起源与古人类的狩猎活动密切相关。在狩猎过程中，古人类发现动物骨骼等材料硬度高、韧性好、易于加工，于是开始利用这些材料制作简单的工具。

**骨针（带针管）**

新石器时代
最长8.1cm　径不足0.07cm
山东泰安大汶口遗址67号墓出土

削骨成针始缝纫

　　骨针是集切割、刮、磨和钻孔等技术于一身的器物，一般经过选材、截料、刮磨成型和加工针眼四道工序，较好地反映出这一时期骨器制造的水平。

　　这种精细的骨针，有可能是用来缝制兽皮的缝纫工具，它的发现，说明当时人类已知道制作骨针缝制兽皮，做御寒衣物。

## 石纺轮

新石器时代
直径5.6～6.5cm
山东泰安大汶口遗址出土

大汶口墓葬出土了相当数量的纺轮、骨针。它们表明，大汶口文化居民已在纺线、织布方面有了相当的发展。

"织"是人类进入农业文明时代定居后的产物，在此之前，人类的衣服材料主要是树叶和兽皮。纺轮和骨针的出现表明，纺织品已经广泛出现和投入使用，人类正由野蛮迈向文明。

纺轮的使用方法是在纺轮圆孔中插杆，使之成为纺锤，然后将麻、葛等植物纤维添加到转动的纺轮上，形成纱条，然后捻制成线。

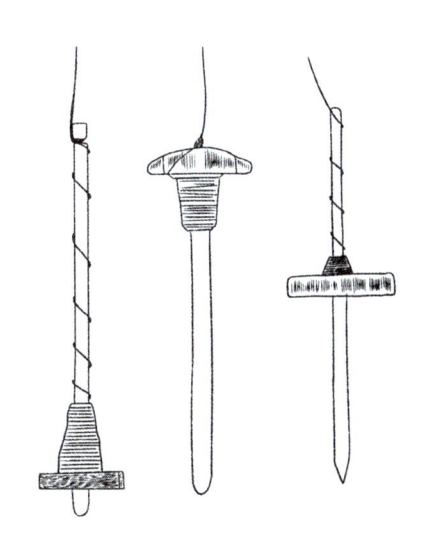

# 脱去野蛮巧织衣

纺轮在捻杆上的三种位置　　　　纺轮工作原理示意图

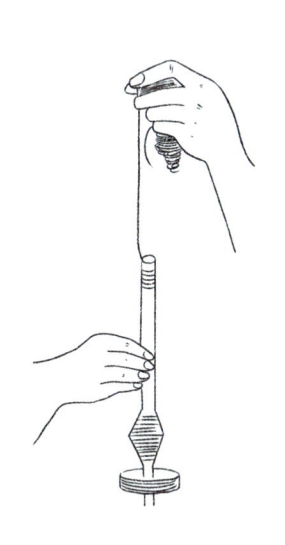

海岱日新　025

## 美食美器不平凡

**灰陶镂空豆**

新石器时代

高31cm　口径23.2cm

山东泰安大汶口遗址出土

  该陶豆为灰陶质，颈部内收，大圈足，圈足呈倒置漏斗状，足上布满规则排列的菱形镂空纹饰，十分美观，表现了先民的审美意识。

  制陶业在大汶口文化手工业生产中占有相当重要的地位，陶器是人们日常生活中不可或缺的用具之一。

  陶豆是古代的一种食器，形状像高脚盘，用来盛放食物。它起源于新石器时代晚期，流行至汉代，盛行于商周时期，距今已有6000多年的历史。

## 红陶双联鼎

新石器时代
高15cm　口径13cm
山东济宁邹城野店遗址出土

　　此器由一孔形管将两个实足陶鼎的腹部相联结，形成了双联体的造型。该器型在已发掘的文物中特别少见，是大汶口文化极为珍贵的器物。

　　这种双联体的鼎器是做什么用的？按理说，鼎属于炊具，古人用它烹煮食物，但双联体器物的用途至今不得而知，这种打破规矩的设计方式本身充满了神秘气息。

**不解双联身成谜**

红衣早早泥上披

**红陶三足折腹鼎**

新石器时代

高28cm　口径13.5cm

山东泰安大汶口遗址出土

　　该鼎是一件炊煮器，用泥质红陶制成，表面经过磨光，并施以红色陶衣。顶盖上方装配了一个大环形钮，方便打开盖子，小口折腹的设计可以增大受热面积，同时使热量凝聚，节省燃料。这种设计体现了先民在烹饪方面的进步。

　　大汶口陶器的生产表现出明显的阶段性。早期陶色以红色为主，黑陶、灰陶少见，器类不多，造型简单。中期红色陶数量减少，灰褐陶比例上升，器类增多。晚期陶色以灰、褐色为主，红陶罕见，新出现了白陶，器类增多且器形复杂；特别是薄胎磨光镂孔黑陶高柄杯，代表了当时制陶工艺的最高水平，为龙山文化蛋壳陶的生产准备了条件。

## 星芒四射无边际

**八角星纹彩陶豆**

新石器时代

高29cm　口径26cm

山东泰安大汶口遗址出土

　　该陶豆形状像高脚盘，是一种盛食器。

　　此豆口沿上用褐、红彩绘对顶三角形与若干线条相间组成的图案，腹部用白彩在深红色陶衣上绘5个方形八角星状纹饰，纹饰构图对称，色彩对比强烈，堪称我国彩陶艺术珍品。如此精美的彩陶，在5000年前的原始社会不可能是日常用具，应该是先民祭祀活动中的礼仪用品。

　　此豆最显著的特征就是八角星纹。八角星纹样在大汶口文化的彩陶器中较为多见，可以说是我国东方先民认可和喜爱的图案。关于这种纹样的含义，有学者认为这类纹饰表现出光芒四射的太阳，四射的八角也寓意着无际的天空，中间的方形象征着大地，有天圆地方的寓意，表现出人们对世界的认知和对天地自然的敬仰。

# 东夷红彩中原花

**彩陶壶**

新石器时代

高16.5cm 口径6.8cm

山东泰安大汶口遗址出土

此陶壶为红陶质地，上绘五瓣花瓣纹。以黑彩绘弧线三角纹，形成花瓣的底色；三角纹之间以地纹留白形成花瓣，并以白彩勾边，使得花瓣醒目而突出；花瓣中间点以深红色圆点，形成花芯。这种花瓣纹原本是当时中原地区最具特色的文化特征，在被大汶口文化借鉴吸收之后，施彩颜色更加艳丽，进而发展成为具有地方特色的彩绘纹样。

> **小知识：彩陶**
>
> 彩陶是新石器时代最重要的标志之一，为中华民族远古文化的瑰宝。它大量出现在黄河流域，最著名的是距今7000年—5000年的河南渑池县仰韶村遗址出土的彩陶，它是仰韶文化的主要特征，因此仰韶文化又被称为"彩陶文化"。
>
> 诗人艾青将彩陶比喻为"人类童年的智慧之花"，著名考古学家苏秉琦先生将仰韶彩陶上花卉图案看作玫瑰花。

## 云雷纹彩陶釜（fǔ）

新石器时代
高30.8cm　口径32.4cm
山东泰安大汶口遗址出土

　　此陶釜是大汶口文化前中期典型器物。陶釜为圜（huán）底，腹中部对称分布两耳，外壁大部为红色陶衣。陶衣上以白彩绘六出连山纹，其间填充轴对称结构的云雷纹，底部可见圆盘状黑彩。构图简洁规整，图案方圆结合，线条曲直相间，显露出先民彩陶绘制技术的精妙和高超。

　　釜是古代的陶制炊器，可以追溯到新石器时代。釜最大的特征是敛口、圆唇、圜底。在中国古代，陶釜的主要用途是烧煮食物，可以用来煮稀饭、炖肉、煮菜等，有点类似现代的砂锅。

连山之上布云雷

# 背上清泉入彩壶

### 彩陶背壶

新石器时代
高31cm　口径10.2cm
山东泰安大汶口遗址出土

　　此彩陶背壶为泥质红陶，施红陶衣，器表磨光。侈口、圜（huán）肩、深腹，一面扁平，小平底。腹两侧装宽带式竖耳，鼓腹一侧饰凸钮。肩与腹上部以黑彩绘交错的连三角形网纹，具有大汶口文化彩陶的特点。

　　背壶是大汶口文化特有的盛水器，双耳可系绳，固定在背上，行走时不用担心壶内的水溅出或倾覆，汲水或带水都较方便。大汶口文化的背壶多为红陶，一般素面不加修饰。这件背壶外观华丽，可能不是一件实用器。

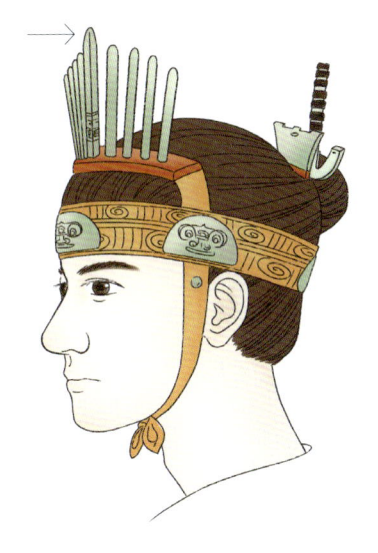

玉锥形器使用方法示意图

## 玉锥形器

新石器时代
长8.9cm 宽0.9cm 厚0.5cm
山东泰安大汶口遗址出土

  玉锥形器是大汶口先民用玉石制成的插在头上的装饰品，反映了当时的审美意识、宗教信仰和社会面貌。

  在装饰品产生的早期阶段，生产力落后使人们更多地相信自然界中的神秘力量，在万物有灵、图腾崇拜等原始宗教观念的推动下，人们常常用一些装饰品去表达这种思想意识，并且这种观念贯穿装饰品发展的始终。当人类社会发展到一定阶段，生产有了剩余时，人们往往喜欢用装饰品显示自己的财富和地位。在原始社会晚期父系氏族社会阶段，军事民主制使社会有了阶级萌芽，装饰品也更多地用于权力和宗教礼仪方面。

敬灵崇神佩贵器

## 玉臂环

新石器时代
直径9.8cm
山东泰安大汶口遗址出土

　　此玉臂环玉色青中闪黄，晶莹滋润，白色沁斑一目了然。器作扁平圆形，外缘不如内缘加工精细。

　　玉臂环出土时，多套在人骨的胳膊处，可见远古时期的玉臂环是一种套在上臂的环形首饰，属于镯类的物件。

远古清辉玉臂寒

三两参差内有序

**玉串饰**

新石器时代

环径3~5.1cm

山东济宁邹城野店遗址22号墓出土

  这件玉串饰由单、双、四连环和绿松石坠等11件饰物组合而成，玉串饰是新石器时代具有代表性的组佩造型，讲究单个饰件之间的有序组合，强调组合中各个玉佩造型大体相同或相谐，达到整体串饰结构及视觉效果的和谐统一，是大汶口文化玉器中占主体地位的装饰品。

海岱日新

# 绳系弯月绕青丝

束发器的使用方法示意图

## 束发器

新石器时代

长11.5cm

山东泰安大汶口遗址出土

  这件束发器是大汶口文化特有器物之一，是当时人们用以束发的器具，说明5000年前的大汶口先民注重仪容。

  束发器用猪獠牙或獐（zhāng）牙稍加磨制制成，形如弯月，一端较宽，一端较尖。一般在宽端或中部有小穿孔，用以系绳。大汶口遗址中，这种束发器皆成对出现在人头骨上。

# 陶壶兽形邀谁醉

## 红陶兽形壶

新石器时代
长22.3cm　高21.8cm　体宽14.5cm
山东泰安大汶口遗址出土

　　山东博物馆十大镇馆之宝之一。
　　此壶为夹砂红陶，通体磨光，色泽如血如火，乍看像一只圆滚滚的红猪，膘肥体壮。其面鼓耳立、短尾上翘，拱着鼻子，张着大嘴，好像在嗷嗷乞食。仔细看，它四肢修长，耳朵上穿有小孔，隆起的后背上加装了弧形提手。
　　此壶腹部鼓起加大了容积，四足立起便于加热，能煮水又能温酒。使用时，从尾巴前的筒状口注水或酒，然后从肚子下面加热，等到小猪吞云吐雾时，拎起拱形提手，就能轻松将水或酒通过嘴巴倒出。
　　此壶不仅造型生动有趣，还准确地把握了动物各部位的比例结构和体形特征，既实用又具艺术价值，是大汶口文化独特的代表，表现出5000年前山东大汶口先民高超的审美和制陶水平。

酿酒发酵示意图

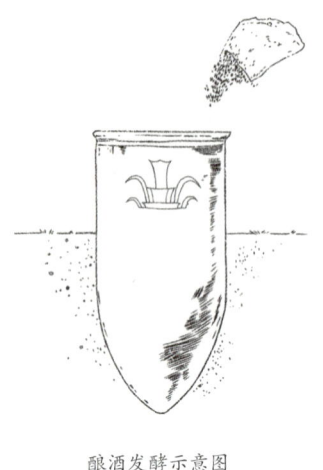

## 大口尊

新石器时代
高50cm 口径43cm
山东日照莒（jǔ）县陵阳河遗址出土

　　大口尊形体硕大，均为夹砂陶，胎壁厚重，器表饰粗细不等的形如竹篮的条状纹，常与猪头或猪下颌骨共同出土。大口尊经有意放置，多竖立于骨架的脚端，且图像符号朝向墓主人。图像普遍采用单线条阴刻技法，同时辅以压印法，多在器表纹饰上刻划，大多笔顺工整流畅。

　　由于农业发展，粮食有了剩余，促进了酿酒业的发展。大汶口时期的墓葬中出土了大量与酒相关的陶器。这件大口尊的形状像一枚大炮弹，呈尖底状，可能是酿酒的器具。

　　大汶口文化晚期，出现了刻在大口尊腹部的刻文（陶文）。文字的出现，预示着文明已在山东大地绽露曙光。目前，共发现大汶口文化晚期的图像符号20余个。

　　许多专家认为，大口尊上出现的"图像文字"为我国汉字的雏形，这对研究中国文字的起源具有重要意义。

汉字雏形寻陶文

山东博物馆

斑驳不掩洁净心

**白陶筒形豆**

新石器时代

通高19.7cm　口径11.3cm

山东泰安大汶口遗址出土

　　此豆材质为夹砂白陶。宽平沿，浅平盘，口沿下有扁三角形鸟喙突饰一对，圈足中央镂三对相叠的长方形孔，长方形孔间镂两对圆孔。圈足上、下各饰两圈弦纹，附覆豆式盖。

　　白陶是大汶口文化极具特色的一种陶器，用高岭土烧制而成，制造时努力保持陶土的纯洁，烧成的陶器温润细腻，有瓷质感，加上巧而美的造型，器表上斑驳的泥土锈痕也阻挡不了视觉上的怡悦。白陶的出现有重大的意义，它为瓷器的制作奠定了技术基础，有些学者把史前时期的白陶看作是中国瓷器的"祖先"。

**白陶三足盉（hé）**

新石器时代
高15.7cm 口径13cm
山东泰安大汶口遗址出土

　　这件白陶三足盉侈口粗颈，颈部略高，腹部扁圆，腹壁中央有一周凸弦纹，为整器增添了一丝优雅的气质，肩部有一管状流，底部为三角形矮凿足；整体陶质细腻，器壁较薄，散发着光润洁白的光泽，非常精美，展现出古代工匠的精湛技艺。

白洁优雅飘酒香

**黑陶高柄杯**

新石器时代
高33.7cm 口径9.4cm
山东济宁邹城野店遗址出土

　　山东是黑陶的发源地，并对周边地区史前文化产生了重大影响。大汶口文化晚期后段，黑陶的制作工艺和烧制技术逐渐成熟，制作出的薄胎黑陶高柄杯，为龙山文化蛋壳陶的出现奠定了技术基础。

　　黑陶的黑色并非涂抹的染料，而是烟熏形成的。在陶器烧制的最后阶段，封闭陶窑的排烟孔，从窑顶徐徐加水，熊熊燃烧的松木在吱吱声中升起阵阵浓烟，浓烟裹着炭灰和松脂中的油脂，在窑中循环熏绕。在400℃至600℃的条件下，陶器坯体内水分大量排出，有机物迅速分解，内部形成众多空隙，具有很强的吸附性，而此时烟中的碳颗粒慢慢渗入陶器的胚体微孔里，直到出来一个乌黑油亮、亭亭玉立的"黑美人"。

阵阵松烟遮碧空

## 红陶袋足鬹（guī）／白陶鬹

新石器时代
高24.2cm　口径11.9cm／高23cm　口径14.9cm
山东泰安大汶口遗址出土

　　文献记载"少皞（少昊）氏以鸟名官"，这是一支崇拜凤鸟的古老部落，在山东地区考古发现的大汶口文化和龙山文化的陶器、玉器中经常见到鸟的形象，如大量的史前陶鬹、鸟喙形足黑陶鼎、鸟形玉饰等，可见鸟的形象是东夷先民重要的精神信仰和族群象征，在东夷文化中占据了相当重要的地位，传递着东夷先民的文化生活信息，也对后世商人和秦人的族源传说和发展产生了深远的影响。

　　陶鬹便是以鸟为原型的高规格陶器，它有特定的外形，除了三足和把柄以外，还必须有像鸟嘴一样的流。陶鬹的整个神态像一只挺胸仰头、举止傲慢的大鸟，极有可能是代表燕、凤形象的祭祖重器，甚至可能在祭器的组合中具有无与伦比的地位。

　　陶鬹的质地分夹砂和泥质两种。夹砂陶鬹是为了使其直接与火接触而特意制作的，因为只有夹砂陶才能置于火上而不易被烧坏。泥质陶鬹质地细腻，制作也精致，可能是专门用来储酒的。

红陶袋足鬹　　　　　　白陶鬹

**东夷凤鸟族群敬**

玉瑞权贵逝随身

**玉璧**

新石器时代
直径14.9cm　孔径6.6cm　厚1.4cm
山东日照莒（jǔ）县陵阳河遗址出土

　　此玉璧为白色，圆形，扁平，中间大圆孔，两面平整光滑。

　　大汶口文化中晚期，已出现了专门的玉器手工作坊，玉器制作已向专业化发展。此时，海岱地区玉礼器作为等级、礼仪甚至宗教的象征载体，有独特的风格和传统。以长方形玉钺（yuè）、大型多孔玉刀和各种璧环为主的玉礼器组合，构成了这一阶段海岱系玉礼器的基本内涵。

　　玉璧是中国玉器中出现最早并一直延续不断的品种，是很重要的瑞玉，战国至两汉是玉璧发展的鼎盛时期。

---

**小知识：礼制初成**

　　原始社会生产力低下，先民对许多自然现象和生老病死现象不理解，产生了恐惧和敬畏之心，进而对自然和祖先产生崇敬，便将自己最好的东西拿来祭祀自然与祖先以祈求福祉和庇佑。祭祀自然和祖先，慢慢就形成了一定的规范、秩序和准则，随之形成固定的规章和制度，礼和礼制就相继产生了。

海岱日新　043

## 玉琮（cóng）

新石器时代
高3.5cm　宽7.3cm
山东日照五莲丹土遗址出土

  玉琮是一种内圆外方的筒形玉器，出现在距今5100年至新石器中晚期，在我国多地均有出土，以良渚文化的玉琮最为发达和著名。

  相比良渚文化的玉琮，这件大汶口文化的玉琮纹饰较为简单，注重整体造型。整器外方内圆，中心为筒状，四角外延三角体形成四方体。四角每面阴刻三条直线，其上刻圆圈纹。

  "夫玉，亦神物也。"以玉事神是祭礼的本源。天地万物是先民崇拜的对象，玉以自身的灵性成为崇拜祭祀活动中重要的道具，以玉璧、玉琮为代表的玉礼器成为祭祀天地的主要媒介。

玉作六器 琮礼地

# 挥斧拥钺示威权

## 嵌绿松石玉钺（yuè）

新石器时代
长31.3cm　宽18.3cm　厚0.3cm
山东日照五莲丹土遗址出土

  这件玉钺上部的孔内嵌有绿松石，玉与绿松石的组合工艺，此为仅见。这种工艺方法开夏代和商代玉器镶嵌工艺之先河。

  钺是古代的一种大斧子。在新石器时代，石斧是广泛使用的生产工具。后来石斧又作为战争武器使用，指挥者手中也拿着斧子，再后来斧子逐渐变成了军权的象征，脱离了实用性，有了权杖的作用。玉钺、大型玉刀这类礼仪用玉，多出自高等级男性贵族墓葬，以材质、大小和精致程度区别身份和地位，有明显的军事和王权含义。

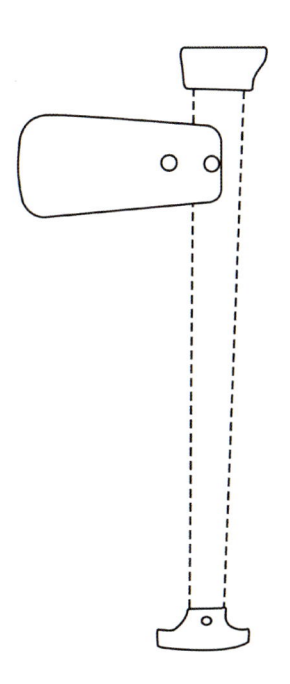

玉钺组装示意图

# 海岱先民不同俗

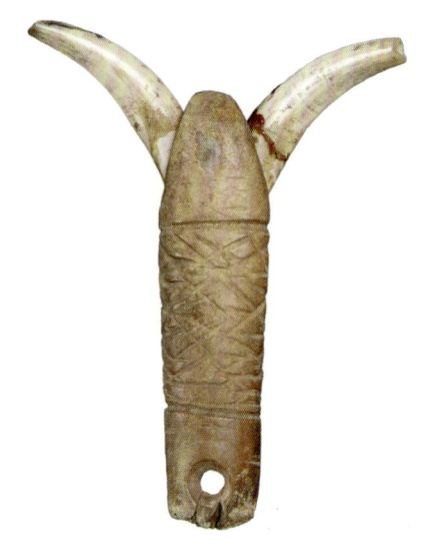

**獐（zhāng）牙勾形器**

新石器时代

长10.5cm

山东泰安大汶口遗址出土

　　獐牙勾形器是由两颗獐牙与骨或角质的柄组合而成的，有的柄上还刻有纹饰，是大汶口文化独有的器物，与大汶口先民崇獐的习俗有关。

　　獐分布于中国东部、朝鲜和韩国。它们长相怪异，没有鹿角，反而生得两颗硕大的犬齿，从上颚向下突出口外，形成獠牙。6500—5000年前，山东所在的海岱地区气候暖湿，沼泽众多，这是獐最喜欢的生活环境。可能因为大汶口先民长期与獐生活在同样的环境下，羡慕它们的机敏和水性，出于获得这些能力的想法，就用獐最有特点的牙齿装饰自己。

> **小知识：奇风异俗**
>
> 　　出于某些宗教、信仰和仪式等需要，大汶口文化时期出现众多特殊习俗，如墓主手握獐牙、头骨人工变形、口含小球、拔牙等，并流行以犬、猪等随葬，反映出大汶口先民奇特的原始宗教观念和精神信仰，甚至成为我国古代信仰和习俗的重要组成部分，在后世仍有传承。
>
> 　　人工拔齿也是大汶口文化先民的特有习俗之一。拔牙年龄一般为13-21岁，男女性别比例差别不明显。一般拔除上颌的一对中门齿、侧门齿或犬齿，以拔除一对侧门齿的现象最多见。相关研究认为此习俗是远古先民青春期以后男女已婚的标志之一。

## 骨雕嵌石意如何

**镶绿松石骨雕筒**

新石器时代

高7.7cm　口径5cm

山东泰安大汶口遗址出土

　　这件骨雕筒是用大型动物肢骨制成的，经过切削雕镂成型。器壁较薄，横截面呈三角形。在器物的上、中、下部位雕刻了三组弦纹带，弦纹带之间被剔除并留白，留白部分钻孔并镶嵌绿松石饰片。

　　这件骨雕筒出土于山东泰安大汶口遗址的墓葬中，是放置在墓主人腰间的物品，可能具有某种原始宗教含义。

# 礼乐之仪谐万民

**彩陶鼓**

新石器时代

高41cm　口径30cm

山东泰安大汶口遗址出土

  此陶鼓呈束腹式长筒状，近底部内折。上腹部近口处附加一周鸟喙形凸钮，用以绑缚鼓面。鼓身用白色、深红色和褐色等三种色彩分两层分别绘弧线三角纹和圆点，组成四瓣花图案。底腹之间又饰一圈锯齿状刻纹。

  彩陶鼓是大汶口文化重要的礼乐器。这种原始乐器的出现充分证明了山东是中国音乐文化发展最早的地区之一。

  《周礼·春官·大宗伯》载："以礼乐合天地之化，百物之产，以事鬼神，以谐万民，以致百物。"乐与仪式相结合，仪式用乐固化，礼乐的意义得以凸显，表达情感，凝聚族群，影响人们的道德观念和行为方式，是中华文明的有机构成。

## 贫富有殊起狼烟

### 陶质牛角号

新石器时代

长39cm

山东日照莒（jǔ）县陵阳河遗址出土

  这件陶牛角号出土时被放置在遗址墓葬中一具中年男性人骨的腰际。号角为夹砂褐陶，周身饰瓦纹，吹口为小圆口，出土后仍能吹出像海螺一样洪亮的声音。从随葬品来看，可断定该墓主人生前身份显赫，很可能是部族内的领袖人物。

  牛角号是在战争中用来发号施令的，这件器物的出现足以说明当时部族之间也许为了争夺生产、生活资料等已经有了纷争。这件器物反映出随着社会生产力和生活水平不断提高，大汶口时期的社会贫富分化程度亦逐渐发生了深刻变化。

## 龙山文化

龙山文化源自大汶口文化，距今4400年—3800年，与古史传说中"唐尧虞舜"时代相对应，因首次发现于山东省济南市历城县龙山镇（今属济南市章丘区）城子崖遗址而得名。龙山文化大部分遗址分布在山东半岛，是山东地区史前文化的鼎盛时期，其农业、手工业空前发展，尤其以精美的磨光黑陶为显著特征，因此也被称为"黑陶文化"。彼时的山东大地，城邑林立，物阜人丰，王权应运而生，国家已现雏形，诸多文明要素生机勃发，对周边地区文化演进产生了深刻影响。

**器以藏礼立规矩**

**橙黄陶袋足鬶（guī）／白陶鬶形盉（hé）**

新石器时代
高44cm／高35cm
山东潍坊姚官庄遗址出土

陶鬶首次发现于山东，是大汶口—龙山文化系统中最富特色的典型器物。在其后千余年间，陶鬶不断向外传播，影响着中原以及长江中下游等地区。

盉由鬶派生而来，二者都是酒器和温酒器具，主要区别在于：鬶是开放性的流口，进水口与出水口不分，而盉是封闭的管状流口，便于控制水流，同时封闭式加热更为高效，可以节省燃料。

盉后来成为商周时期重要礼器之一。从陶鬶到陶盉的发展和传播，反映了大汶口和龙山文化对中华文明做出的卓越贡献。

**石箭镞**（zú）

新石器时代
左，长7.8cm
山东潍坊姚官庄遗址出土
中，长7.9cm
山东潍坊姚官庄遗址出土
右，长7.7cm
山东日照五莲丹土遗址出土

月弓呼鸣斜飞柳

石箭镞即石箭头，是石器时代使用最广泛、数量最多的一种远射武器。箭镞在设计时，除了要有合适的尺寸和锋利的箭尖外，还必须符合安装箭杆的要求。因此箭镞大多呈扁平柳叶状，镞底或有凸出的铤，或又扁又薄，便于直接插入箭杆的夹缝中。

东夷是我国古代对东部各民族的统称，由于善用弓箭，便以表示"大弓"的"夷"字命名。弓箭是一种复合工具，一般是把箭镞附在箭杆上，使用时利用弓的弹力将镞与箭杆一起射向远方。

海岱日新

# 乌云翻墨闪龙山

## 蛋壳黑陶高柄套杯

新石器时代
高17.1cm　柄高13.2cm　口径12cm　内径4.9cm
山东潍坊姚官庄遗址出土

　　山东博物馆十大镇馆之宝之一。
　　这件蛋壳黑陶高柄套杯，全器由杯身、器柄两部分套合而成，杯身呈覆草帽状，器柄上饰竹节状凸弦纹。此器做工精美，器壁极薄，是龙山文化蛋壳黑陶的精品之作。
　　黑陶在大汶口时期已经出现，在龙山时期达至巅峰，成为龙山文化最典型的特征和代名词。

## 陶艺巅峰绝古今

**蛋壳黑陶高柄杯**

新石器时代
高26.5cm　口径9.4cm
山东日照东海峪遗址出土

"蛋壳陶"通常是指一种陶胎极薄的特制黑陶高柄杯，这是仅见于山东龙山文化的一种薄胎陶器精品。"蛋壳陶"陶胎之薄，无与伦比，最薄部位多在盘口部位，厚度在0.2～0.3毫米，重则不超过70克，敲击时却能发出类似金属的声音。"蛋壳陶"有"黑如漆、明如镜、硬如瓷、薄如纸、声如磬（qìng）"之美誉。这种极易破碎的珍贵器物应是一种专供礼仪祭祀用的器皿。

蛋壳黑陶之所以薄如蛋壳，是因为龙山先民使用了当时世界上最为先进的"快轮拉坯法"。快轮拉坯技术利用了轮盘快速旋转的惯性，通过双手的捧托、挤压、提拉将泥料直接拉坯成型，因此器物形体较为规整，胎体明显变薄。快轮拉坯虽是一种古老的制陶工艺，但直到今天很多地区仍在使用。

万焰千肴百味增

**大陶甗（yǎn）**

新石器时代

高116cm　口径45.5cm

山东淄博临淄桐林遗址出土

　　这件大陶甗是迄今全国最大的陶甗，一次蒸煮的食物，可供十几人食用。不过在桐林遗址中，除出土了这件大陶甗外，还发现有鼎、盆等，且这些出土物大小依次排列，考古专家认为它们应该不是实用器，而是礼器，是史前时期等级制度的见证物。

　　甗类似蒸锅，由上、下两部分组成：上部分像罐子，称为甑（zèng），里面能放食物，可以蒸饭；下部类似鼎，称为鬲（lì），可以烧水，中间有向上透蒸汽的箅（bì）子。

054　山东博物馆

黑亮薄轻明如镜

**黑陶单把杯／黑陶双耳杯**

新石器时代
高11.3cm　口径8cm／高12.5cm　口径7.8cm
山东日照两城镇遗址出土／山东潍坊姚官庄遗址出土

　　龙山文化的黑陶称为薄胎磨光黑陶，具有"黑、光、亮、薄、轻"的特点，器类丰富多样，造型精美复杂，涵盖容器、酒器、炊煮器等日常用器，并出现专用于礼仪活动和丧葬活动的陶器。它们件件端庄秀美，细腻润泽，典雅肃穆，代表了龙山文化陶器制作的高超水准，也反映出当时社会礼器的地位。作为原始礼仪的载体和精致的艺术品，具有极高价值。

烟墨尽染无颜色

### 黑陶高圈足豆

新石器时代
高18.3cm 口径28cm
山东潍坊姚官庄遗址出土

此黑陶高圈足，豆器表面磨光，通体黑亮，高圈足上饰竹节状的凸弦纹，风格简洁。

大汶口时期，黑陶开始出现，但数量较少。到了龙山文化阶段，黑陶的发展进入鼎盛时期，黑陶的数量达到了空前绝后的境地。在文化层和居住类遗迹中黑陶所占比例也超过了50%，墓葬随葬陶器中黑陶所占比例则更高。

# 龙山生趣多飞鸟

## 黑陶鸟喙足鼎

新石器时代
高18.5cm 口径26cm
山东潍坊姚官庄遗址出土

  这件黑陶鸟喙足鼎也属于龙山文化的磨光黑陶。敞口,折腹,最大特征是有三个鸟喙足。

  龙山文化的陶器形象含蓄,生趣盎然,摆脱了生硬的模仿,代以抽象形态的造型。由于龙山文化以鸟为图腾,所以其黑陶的造型和装饰也就显现出诸多以鸟为元素的形态。

## 兽面纹玉锛（bēn）

新石器时代
长17.8cm　宽5cm　厚0.5cm
山东日照两城镇采集

　　此锛呈扁平长方形，玉质坚硬，色青泛黄，出土时已断为两截，由于埋藏在不同的地层，因此两截呈现不同的沁色。其通体抛光，背部平直，刃部稍宽，造型严整。近背处两面皆以阴线刻兽面纹，纹饰抽象，曲线流畅。此锛无实用痕迹，似非实用器，有可能是部落首领的权力象征。

　　纹饰是构成玉器等级和层次的一个重要方面，神人兽面纹、鸟纹和龙首纹是史前玉器上最主要的纹饰，它们或简或繁，神秘抽象，象征着远古先民神圣的精神世界，是史前社会原始宗教观念以及社会意识形态的充分反映；尤其是细腻繁缛的神人兽面复合图像在特定玉器上出现，反映出远古居民已经有了一个共同信仰的人格化的神灵崇拜，而且神权在史前文化中占有十分突出的地位。

　　玉锛是比较小的侧锋玉斧，它与其他玉制生产工具一样，是用来切割、凿削的生产工具，主要用来修整木器。

阴线刻兽面纹

# 神人兽面寄精神

## 玉牙璋（zhāng）

新石器时代
长26cm
山东临沂沂南罗圈峪村出土

这件牙璋，器身狭长，两侧无刃，顶部有刃，刃作凹弧的弯月状，装饰有扉牙（即两侧凸出的部分）。

牙璋是礼神之器，是社会地位和权力的象征。

龙山文化时期能以牙璋从事祭祀活动的，当属方国、部落首领和高级巫师等高层统治人物。除了山东龙山文化，迄今其他地区尚未发现同时期的牙璋。牙璋首先产生于山东龙山文化，然后扩展到中原地区，再向南北发展。这类器物自出现以后便展现出了强大的传播力，目前发现的出土范围北达俄罗斯境内，南到越南境内，西北至巴蜀地区，时代从新石器晚期一直延续到商周时期，影响深远。

**首现龙山四方传**

---

**小知识：牙璋的使用方式**

在三星堆博物馆中，有一个手执牙璋的青铜跪坐小人像。人像双臂平抬，双手执握一件牙璋。牙璋刃部向上，柄部向下，非常形象地表现了璋在古代作为祭祀礼器的用途，其执握的方式在同时代的文物中也为仅见。

《周礼·春官·大宗伯》中有如下记载："以玉作六器，以礼天地四方。以苍璧礼天，以黄琮（cóng）礼地。以青圭（guī）礼东方，以赤璋礼南方。以白琥礼西方，以玄璜（huáng）礼北方。"可见，玉璋属于祭祀天地和四方的六器之一，它祭祀的是南方。

海岱日新

# 远古之谜玉牙璇

**玉牙璧**

新石器时代

外径12.71cm　内径6.6cm

山东日照五莲丹土遗址出土

　　牙璧的分布以山东和辽东半岛地区最为密集，集中发现于新石器时代晚期龙山文化时期。

　　牙璧整体近似圆形，中间有圆孔，周边一般有三个同向旋转的凸牙，有的在牙和牙之间还雕刻出单个或成组的扉牙。从器物的形状推断，牙璧可能是玉璧的一种变体。

　　牙璧的用途在学术界尚无定论。目前推测可能有三种功能：一是装饰品，二是用于祭祀和宗教的礼器，三是其他特殊用途。

## 四孔大玉刀

新石器时代

长48cm

山东日照两城镇遗址出土

  此玉刀由于刀身大而薄，不具备实用功能。玉刀上的穿孔应是用于安柄时系绳扎结的。其中有一穿孔，位置靠近刀背的一端，有学者认为这种孔是系璎珞之类装饰物用的。

  多孔玉石刀在新石器时代晚期的许多地方都有发现，且多出于墓葬。

  制作这样大而薄的玉器，与当时"片切割"技术异军突起有关。

  片切割，顾名思义，就是以片状的物体在水或水加研磨砂介质的作用下，对玉器进行切割加工。

  在海岱地区的龙山文化时期，片切割技术能够切出大而薄的玉料，很多器物上都留下了此类切割的痕迹。

薄玉大刀璎珞系

## 丁公陶文

新石器时代
长7.7cm 宽3.2cm
山东滨州邹平丁公遗址出土

文字是文明的标志之一。中国发现的早期文字大多是刻划符号或图像，如仰韶文化的刻划符号、大汶口文化和良渚文化的图像文字等。在龙山文化丁公遗址发现的"丁公陶文"引发了世人对汉字起源的大讨论。

丁公陶文共有5列11个字，整齐地刻在一件泥质磨光灰陶大平底盆底部残片的器内面。这些刻字个个独立，深浅不一，笔画流畅，刻写也有一定章法。丁公陶文显然已经脱离了刻划符号和文字画的阶段，全文很可能是一个短句或辞章，记载了一个特定的内容。

丁公陶文距今约4200年，为龙山文化时期晚期遗物，比小屯商代晚期甲骨文还早800多年。这一发现在考古学界和古文字学界引起了极大震动，对于深入研究龙山文化、中国文字起源以及中国文明起源等都具有十分重要的意义。

文字之源丁公陶

# 第三部分
# 早期青铜时代

距今四千年左右，龙山文化被岳石文化取代，岳石文化分布范围与山东龙山文化大体一致，社会形志是龙山文化时期社会形志的延续，农业、手工业生产持续发展，青铜冶铸业成为最为突出的手工业部门，多处遗址出土青铜制品，山东进入早期青铜时代。

## 岳石文化

岳石文化与中原地区的二里头文化大体同时，分布范围北起鲁北冀东，南达江淮之间，西自鲁豫交界，东至黄海之滨。经过发掘的遗址有30多处，比较重要的有山东章丘城子崖、平度东岳石、牟平照格庄、青州郝家庄、泗水尹家城、菏泽安邱堌（gù）堆等。多处遗址出土小件青铜制品，标志着岳石文化时期的山东已经进入早期青铜时代。

## 石铜接力海岱间

**双孔石刀**

早期青铜时代
长12.5cm
山东潍坊姚官庄遗址出土

**铜镯**

早期青铜时代
直径5cm
山东济宁泗水尹家城遗址出土

**铜刀**

早期青铜时代
长6cm
山东济宁泗水尹家城遗址出土

　　岳石文化时期青铜冶炼技术进一步发展，出土青铜器均为小件器物，以小型铜制工具和镞（zú）最为常见。

## 开天石斧生细腰

**亚腰石斧**

早期青铜时代
长13cm　腰宽6.3cm　厚4cm
山东临沂沂南王家新兴村东沂河边出土

　　岳石文化时期，石器种类和数量仍较多，亚腰石斧是岳石文化的典型器物之一。亚腰是指中间细两头粗的样子，亚腰石斧上端有一个凹陷的部分，相当于人的腰部。使用亚腰石斧时，需要用绳子将斧与木柄捆绑在一起，捆绑的位置就在石斧的腰部。

### 陶舟形器

早期青铜时代
底长24cm　底宽10cm
山东济宁泗水天齐庙遗址出土

　　此器为夹砂陶，手工制作。器身呈椭圆形，整体较窄长，敞口深腹，斜腹微鼓，像一艘小舟，故名陶舟形器。
　　岳石文化中的夹砂陶多用来制作烹饪器具，因此该陶舟形器也应为炊具。

### 陶甗（yǎn）

早期青铜时代
高31.3cm　口径19.2cm
山东济宁泗水天齐庙遗址出土

　　这件陶甗有三个肥肥的、中空的袋足，在蒸食物的时候里面可以盛水，能更快地蒸熟食物，其腰、裆部用泥条加固，增加了实用性和美观性。
　　到了岳石文化时期，磨光黑陶数量明显减少，夹砂陶和泥质陶增多，陶器陶胎变厚，陶色变浅，纹饰依然以素面为主，显得古朴典雅、厚重实用。

陶舟翩翩飘稻香

围炉聚炊甗甗间

海岱日新　065

# 商周

## 约公元前1600—公元前221年

商代国家政治疆域意识已经确立，商王朝以王畿为中心向四方经略，不断扩大版图。在商王朝东进过程中，东夷文化与商文化不断交流碰撞、吸收融合，成为华夏文化的重要组成部分。西周时期周王室通过征伐、分封等手段，加强了对东夷地区的控制。在周王室分封的山东诸国中，齐鲁两国沿着不同的轨迹发展，成为当时华夏范围内的经济、文化重心。东夷文化在周文化的影响下，逐渐发展为独具特色的齐鲁文化，在中华文明多元一体进程中做出了重要贡献。

## 第一部分
# 商夷交融

　　商代华北地区较现在更为温暖湿润，适宜的气候环境保障了生产生活顺利开展，为创造灿烂的殷商文明提供了自然条件。商王朝以鲁西南旧地为依托，势力东拓至鲁北和鲁南之地，东夷势力仅保留在潍河以东的胶东半岛地区。商人对山东地区的经略，加强了中原族群与东夷族群的交流融合，为山东地区融入中原文化圈奠定了基础。

# 举族赫赫立军功

**举方鼎**

商代

高23cm　口长16cm　宽14.2cm

山东济南长清小屯村出土

　　鼎是炊食器。该遗址出土了一对举方鼎，形制纹饰相同，均长方腹，双立耳，颈微敛，腹微鼓，四柱足，四隅有扉棱。口沿下饰夔（kuí）纹及联珠纹，腹饰巨睛凝视的兽面纹，均以云雷纹为地，四足饰阴线蝉纹。

　　举方鼎是迄今在山东境内发现的最精美的晚商铜鼎之一，内壁铸有铭文"举祖辛禹"及徽号。

　　举族是殷商时期一支强大的宗族，商代晚期的举族铜器基本在河南殷墟和山东长清一带。举族在商王室中担任重要官职，受到商王重用，武丁时期曾多次参与征伐西部边邑异族的战争。山东的举族可能是商末对东方诸族进行武力征讨的一支主力军。长清一带应是山东举族聚居之地。

# 香草美酒青铜卣

## 铜卣（yǒu）

商代
高19.5cm　口径10.5cm
山东济南长清小屯村出土

此卣子母口，束颈，扁圆腹，下腹微鼓，圈足。两侧附绚（táo）索纹提梁，两端錾（pàn）作半环形。器口和盖顶均饰有以小圆圈为边带的雷纹，口沿装饰带中有凸起的兽面。盖顶中央有菌状钮。

卣是古代的盛酒器和礼器，盛行于商代和西周时期，主要用于祭祀，并且是专门用以盛香酒的祭器。

《尚书·洛诰》有载："以秬鬯（jù chàng）二卣。"《诗·大雅·江汉》也有类似的记载："秬鬯一卣。"秬鬯就是香酒，是古代以黑黍和郁金香草酿造的酒，用于祭祀降神及赏赐有功的诸侯。卣就是专门盛放秬鬯的酒器。

卣造型多为椭圆形，颈微束，垂腹，圈足，多带提梁。此外，还有鸟兽形的，称为鸟兽形卣。在考古发掘中，卣通常和尊同出，并大小组合成对。

**铜爵**

商代
高21cm
山东潍坊青州苏埠屯出土

爵是古代一种酒器，用于温酒或饮酒。常见的形制为深腹，前面有倾酒用的流，后面有尾，旁有把手，口上有两个形似蘑菇的小柱，下面有三个尖的高足。

醉把爵尾作爵流

**铜觯（zhì）**

商代
高18.7cm　口径8.8cm
山东潍坊青州苏埠屯出土

此铜觯虽器形不大，但装饰考究，前后左右被四条凸出的扉棱分为四部分，上下又可分为三层，每层都装饰凤鸟纹，堪称青铜器中的精品。

觯是古代酒器，形似尊而小，大都有盖，盛行于中国商代晚期和西周初期。觯的纹饰非常精美，《礼记·礼器》中提到，尊者举觯，卑者举角。据此可知，如此精致的铜觯在古代应为身份尊贵之人的饮酒之物。

尊者举觯卑举角

## 高矮轻重用不同

**铜觚（gū）**

商代

高30cm　口径16cm

山东济南长清小屯村出土

　　觚是一种饮酒礼器，整体细长，上下都作喇叭状，口、底都很大，类似现代的高脚杯。

　　商代早期铜觚的腹部相对粗矮，口部微敞，杯身自口部至底部为弧形，或完全呈筒状，纹饰相对较少，样貌十分朴素。此时强调觚的实用功能，少装饰。商代晚期出现了高体细腰、壁厚体重、觚口外侈程度大且外翻的铜觚，纹饰也由最初的素面或是锥刺纹发展到平行弦纹和平行凸棱组合，这类铜觚失去了实用功能，而表现出明显的礼器特征。

## 叮当乱摇马蹄疾

**铜弓形器**

商代

长34cm

山东济南长清小屯村出土

此物弓身中部宽扁，两端弯弓有铃，铃上有月牙形镂孔，内含小球。弓身正中有钩弦纹圆钮，钮饰牛头，两侧布满蝉纹和雷纹。

弓形器的分布范围几乎包括了商代和西周的全部疆域，在商代后期至西周早期墓葬或车马坑中多有发现，因其形状如弓形，故以弓形器相称。

关于弓形器的用途有多种说法，一种认为弓形器附于弓的里侧，以保持弓的弧度，增强发射时的力量；另一种认为它是车马上用来系辔（pèi）的；还有的人说它是古代的骑马者和驾车者用来绊挂马缰从而解放双手的工具。

飞马扬镳成东土

铜马衔

铜马镳

## 铜马衔／铜马镳（biāo）

商代
长26cm／长8cm　宽7.5cm
山东济南长清小屯村出土

　　马衔，俗称"马嚼子"，勒在马嘴上以便驾驭马。马衔由两根铜条组成，铜条两端各有圆环，一端互相联结，另一端在马嘴外侧，与马镳相接。马镳，插在马衔两端环中，位于马嘴两侧，缰绳与马镳相连。
　　这样就可通过缰绳来控制衔和镳，达到改变马匹前进方向的目的，成语"分道扬镳"的"镳"就是马镳。马衔、马镳常成套出土，衔不离镳，镳不离衔。

## "允雨"卜骨

商代
纵14.2cm　横6.6cm
河南安阳殷墟遗址出土
罗振玉旧藏

问天问祖问吉凶

　　山东博物馆十大镇馆之宝之一。
　　山东博物馆藏甲骨数量达1万多片，甲骨文内容涉及殷商政治制度、社会生活、经济生产、军事战争、宗教祭祀、文化礼制等方方面面，具有极高的文物价值、史料价值和学术史研究价值。
　　商代的信仰体系主要包括自然神和祖先神两类。商人每日必卜、每事必卜，军国大事常由神意决策，甚至生育、疾病、做梦等日常之事都要占卜。刻在卜骨上祈求的事情及其应验结果，被称为"甲骨文"。
　　商代人对天气的占卜尤为重视，卜辞中保存了不少关于风、云、雨、虹、雪的气象资料。这也是殷商先民认识自然、探求真谛的历程。
　　这件甲骨上的卜辞为："贞（今日其雨），王占曰：疑，兹乞雨。之日允雨。三月。"卜辞大意为，贞问今天是否下雨，王根据卜兆说，有疑问，但最终会下雨。

---

**小知识：罗振玉**

　　罗振玉（1866—1940年），中国近代考古学家、古文字学家、金石学家、敦煌学家、目录学家、校勘学家、农学家、教育家。他对中国的科学、文化、学术颇有贡献。在甲骨文研究者中，罗振玉占有重要地位，为"甲骨四堂"之一，是甲骨学的奠基者。
　　他从事研究与传播甲骨文，收集甲骨达3万片之多，还收集了大量殷墟出土的青铜器等资料，最终完成了中国甲骨学史上划时代的著作——《殷墟书契考释》。

## 铜罍（léi）

商代
通高30.5cm　口径15cm
山东潍坊青州苏埠屯出土

**驻守东土留重器**

此罍侈口、圆肩、平底、矮圈足。肩部有对称兽首半环耳，下腹有一兽首鋬（pàn），颈饰凸弦纹，肩和腹部有一周宽凹槽，肩饰凹弦纹及圆饼涡纹。口沿内铸有铭文"融"。

罍是古代盛酒或盛水器，其状有方形和圆形两种。方形罍宽肩，双耳，有盖；圆形罍大腹，圈足，双耳。两种形状的罍一般在一侧的下部都有一个穿系用的鼻钮。青铜罍主要盛行于商代和西周。方形罍多为商代器，圆形罍在商代和西周都有。

---

**小知识：国君气象**

晚商时期，商人在东方的统治范围继续东移，相继控制东部的淄河、弥（mǐ）河流域，最终发展到潍河一线。青州苏埠屯遗址成为东方边境线上的重要据点，此处发现多座商代墓葬，其中1号墓是除殷墟以外唯一一座带四条墓道的"亞"字形大墓，人殉数量多，埋葬规格高，应该是王朝控制下的方国墓地。

1号墓出土的铜器多带有"亚醜（chǒu）"和"融"族徽，墓主人可能是仅次于商王的方伯一类人物。一般来说，"亚"即亚旅、众大夫，或为武官之称；"醜"是族名或私名，可能是商王派驻守卫东土边界的职官，同时在王朝兼任小臣之职，曾受王命参与征伐夷方的战争。

海岱日新　075

## 融方鼎

商代
高21.5cm
山东潍坊青州苏埠屯出土

鼎内底铭文

融族拥鼎居青州

　　此方鼎为食器，共出土两件，形制、大小、纹饰全同。直耳，长方形口，折沿，方唇，下腹略内收，平底，四足呈圆柱形，体四角有扉棱，口下饰雷纹地鸟纹，腹饰雷纹和"凹"字形乳钉纹，足上部饰饕餮（tāo tiè）纹。腹、足有烟炱（tái）痕迹，推测为实用器。

　　鼎的内底中部铸有""字铭文。这个字的中间是"鬲（lì）"字，两侧各一虫，头上而尾下，作曲身蠕动状，有如炊气上出。因应隶定为"融"。"融"应为族徽，融族铜器在山东青州出土，说明在商代晚期除醜（chǒu）族之外，尚有一支融族在青州一带活动，并与醜族有密切关系。

---

**小知识：族徽**

　　商周时期青铜器上常铸有一种象形程度较高的铭文，多是古代族氏的代表符号，即"族徽"。山东地区发现商代铜器上的族徽铭文达十余种，其中举、史、役、醜、融等望族族徽亦见于河南安阳殷墟遗址，可见山东地区与中原王朝之间关系密切。

# 席地坐分稻与粱

## 融簋（guǐ）

商代
高21.7cm　口径25.3cm
山东潍坊青州苏埠屯出土

  该簋侈口、尖唇、圜（huán）底近平、高圈足，器形简单，表面遍布具有特殊装饰效果的乳钉，表现出早期铜簋的原始性。因为腹底部正中刻有古体的"融"字，所以被命名为"融簋"。

  簋是古代中国一种盛放煮熟饭食的器皿，也用作礼器，特点是圆口、圈足，流行于商周时期。王宫贵族宴请时，席地而坐，主要盛放煮熟的黍、稷、稻、粱等食粮，作用相当于我们现在使用的大碗，供人们取用。

  在商周礼制中，偶数的青铜簋通常在祭祀和宴飨时与奇数的列鼎配合使用，如天子用九鼎八簋，诸侯用七鼎六簋，大夫用五鼎四簋，元士用三鼎二簋。

## 亚醜（chǒu）钺（yuè）

商代
长32.7cm 宽34.5cm
山东潍坊青州苏埠屯出土

山东博物馆十大镇馆之宝之一。

青州市苏埠屯村屡次出土"亚醜"青铜器，还有一件类似"这张脸"的模样的钺被中国国家博物馆收藏。

此钺方内，双穿，两肩有棱，器身透雕人面纹，人面五官微突出，双目圆睁，嘴角上扬，口中露出城墙垛口似的牙齿，展现出一种威严的表情。其口部两侧对称地铭有"亚醜"二字，因而得名。

亚醜钺出土自商代大型墓，"亚醜"应是古代国族的名号，"亚醜"族应该在商王朝的东南，也就是活跃在山东青州一带。墓主人可能是仅次于商王的方伯一类的人物。有人推测这里可能是"亚醜"族的墓地。据文献记载，商末周初，这一带为薄姑氏所居。

作为殷商时期在东方的重要部族之一，亚醜族经济繁荣、实力强大，其文化与商代晚期文化有很高的一致性。

不怒自威诸侯王

---

**小知识："戉"（yuè）与"王"**

"戉"字与"王"字有着密切的联系。在甲骨文中，"王"字看上去与斧钺形象相似，因此有了斧钺象征王权的说法。这种联系展现了古代文字和权力的紧密关系，也反映了当时社会对权力的崇拜。

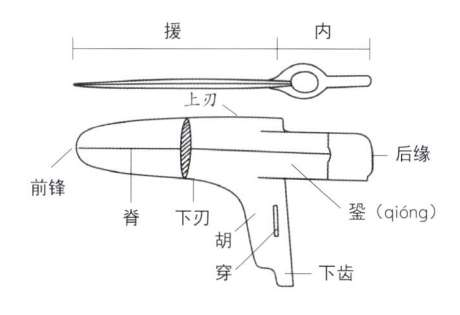

戈体各部分名称示意图

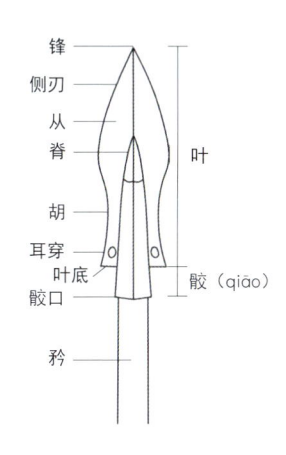

矛体各部分名称示意图

**铜戈／铜矛**

商代
长22～28cm／长19.5～24cm
山东潍坊青州苏埠屯出土

　　戈是中国古代一种具有击刺、勾啄等多种功能的木柄曲头兵器，一般认为是由镰刀类工具演化而来的，盛行于商代至战国时期。构造一般为平头，横刃前锋，垂直装柄。其端首处有横向伸出的短刃，刃锋向内，可横击，又可用于勾杀；外刃可以推杵，而前锋用来啄击对方。

　　矛是击刺兵器，尖端是锋利的刃，装有长柄。商周时代以青铜制矛头，汉以后多以铁为之。

长戈利矛千里征

海岱日新　079

## 宗礼合一玉高峰

### 嵌绿松石玉柄形器

商代
长11cm　柄端宽2.1cm
山东潍坊青州苏埠屯出土

此嵌绿松石玉柄形器为扁平长方体，一端有短而薄的榫，榫上穿孔，内嵌绿松石。

商代玉器继承新石器时代以来的巫玉传统，带有礼仪和宗教色彩，种类繁多，按照功用可分为礼器、饰品、工具三类。其玉雕技法以双阴线雕为主，圆雕、巧雕等技法纯熟，是中国治玉工艺史上的一个高峰。

柄形器是流行于夏商周时期的一种玉器，一般作扁平长条状，因像器柄，一般称为柄形器，多出土于中高级贵族墓葬中。

## 治军之仪不为用

### 双孔玉戚

商代
高7.5cm　背宽5.4cm　刃宽6.8cm　厚0.3cm
山东潍坊青州苏埠屯出土

此玉戚作斜刃斜背，两侧雕出扉棱，穿大小二孔。表面抛光，玉呈白色石灰沁。

戚是有齿的端刃器，形似"两侧有齿的扁平斧"，一般不作为武器，而是一种不具备实用性的礼器。玉戚最早出现在新石器时代，到了以王权为中心的商周时期，玉戚主要用于治军，同时也是仪仗器和祭祀礼器。

## 眉鬲（lì）

商代
高21cm　口径15cm
山东枣庄滕州种寨村出土

　　眉鬲是青铜炊食器，侈口，立耳，束颈，分裆，三足足跟为圆柱形。颈饰兽面纹，口沿内铸阴文三字，因首字释"眉"，故名眉鬲。

　　鬲是中国古代煮饭用的炊器，新石器时代晚期已出现陶鬲，商周时期陶鬲与青铜鬲并存。其形状一般为侈口，有三个中空的足，便于炊煮加热。

青铜鬲下炊烟绕

# 第二部分
# 礼仪之邦

　　随着周王朝建立，商人在山东地区经略多年的势力逐渐被周人取代，周王朝将核心家族分封于齐、鲁。齐国、鲁国凭借地利和文化格局分别走向了不同的发展道路，并与其他古国、古文化不断交流融合，最终形成了齐鲁文化。齐国的富国强兵思想、国家祭祀等被秦汉所继承，鲁国的礼制和儒学则为中华礼仪之邦的形成奠定了思想基础。圣贤先哲多出齐鲁，诸子百家悉汇此地，山东地区成为早期中华文明的重心。

## 泱泱齐风

齐国（前1046—前221年）是中国历史上从西周到春秋战国时期的一个诸侯国，疆域为现今山东省大部和河北省南部；始封君为太公望吕尚（姜子牙），被周天子封为侯爵。

齐国历时800余年，以工商立国，经济高度发达；实行开明的文化政策，开创稷下学宫，从最初"负海舄（xì）卤，少五谷而人民寡"的穷荒小国，发展成为"最强于诸侯，自称为王，以令天下"的泱泱大国，孕育出开放、包容、务实、创新的齐文化。

---

**小知识**

**改革称霸**

春秋初期，齐桓公摒弃前嫌启用管仲，推行一系列的政治、经济、军事、外交改革，达到了富国强兵的目的，打出"尊王攘夷"的旗帜，九合诸侯，一匡天下，齐国以"千乘之国"的雄厚实力成为春秋第一个霸主。

**齐桓公**

齐桓公，名小白，是齐国第十六位国君。他在任内励精图治，起用管仲为相，推行改革，实行军政合一、兵民合一的制度，促使齐国逐渐强盛，成为春秋五霸之首。

**管仲**

管仲，姬姓，名夷吾，谥敬。齐桓公元年（前685年），得到鲍叔牙推荐，担任国相，辅佐齐桓公，对内大兴改革、富国强兵；对外尊王攘夷，被尊称为"仲父"，还被誉为"法家先驱""圣人之师"，后人尊其为"管子"。

**田氏代齐**

齐国分为吕齐和田齐两个时期。齐国最初是姜子牙的封地，姜子牙即为姜姓，吕氏，因此齐国也称为吕齐。后来，姜齐公室逐渐衰微，与此同时，田氏在齐国逐渐发展起来，并独揽大权。公元前386年，齐国大夫田和放逐了主君，并自立为齐侯，从此吕齐为田齐取代，仍沿用齐国名号，世称"田齐"。

海岱日新　083

# 金戈铁马化铜簋

## 铜簋（guǐ）

西周
通高30.4cm　口径20.6cm
山东淄博高青陈庄遗址35号墓出土

　　铜簋的主人是西周时期管辖齐国军队的官员——引，因此该铜簋也被称作"引簋"。引簋内铸铭文8行75字，其铭为：惟正月壬申，王各（格）于龚大室，王若曰："引，余既命女更乃祖，冢司齐师。余惟申命女，易女彤弓一、彤矢百、马四匹，攸勒乃御，毋败绩。"引拜稽首，对扬王休。同奭（bó）（迫）追，孚吕兵，用乍幽公宝簋，子子孙孙宝用。

　　铭文讲述了齐国在西周中晚期的政治以及相关军事内容，大意是：正月壬申日，周王在龚宫大殿召见臣僚引。王说道："引，我曾经任命你继承你先祖的职位，统领齐国军队。今日，我重申此命令，并赏赐你一把彤弓、百支箭和四匹骏马。希望你整备车马，尽职尽责，战无不胜。"引连忙叩拜答谢，为了感谢王的赏赐，弘扬天子恩宠，引把击败吕国后缴获的青铜器，铸成纪念先祖幽公的宝簋，希望子子孙孙保存享用。

## 铜觥（gōng）

西周
高23cm　口径8cm
山东淄博高青陈庄遗址18号墓出土

　　该文物是一件非常典型的西周时期的兽形铜觥。觥盖前端为兽首，主体为椭圆形，长流，圈足，素面无纹，内盖上有铭文："豐（丰）啟（qǐ）作厥祖甲齐公宝尊彝。""齐公"指姜太公，"甲"是太公的日名，是用来祭祀先祖的名字。作器者是豐（丰），也就是姜太公的孙辈。

　　商人重酒。商代出现了青铜制作的觥。青铜觥从形制上可以分为两大类：角形觥和兽形觥。商周时期出土最多的是兽形觥。兽形觥规格很高，大多被用来祭祀或用作王室贵族的陪葬品，出现在庄重的场合。

　　"觥筹交错"出自宋代欧阳修《醉翁亭记》："射者中，奕者胜，觥筹交错，坐起而喧哗者，众宾欢也。"可见，觥也可作为在宴会上使用的酒器。从觥的字形上可以看出，觥最初是用动物犄角制作而成的。

好将美醾满金觥

# 嫁女铭壶子孙用

## 公子土父壶（公孙灶壶）

春秋
高29.7cm　口径8.5cm
山东潍坊临朐杨善镇出土

　　此壶是酒器，是齐国国内异姓贵族之间通婚的遗物，是一件年代明确的春秋晚期的标准器，也是研究齐国历史的重要资料。

　　壶圆口有盖，长颈近直，圆腹，矮圈足，提梁穿过盖上的双环与颈部的双环相连，腹饰两道凸弦纹，腹部一侧有一环鼻。

　　壶颈外阴刻铭文6行39字，大意为公孙灶做齐国执政时，公子土父为女儿中姜做陪嫁用壶，祈求万寿无疆，希望子孙后代永保用。其中的"公孙灶"为人名，生活于齐景公时期，于齐景公三年（前545年）参与了打倒庆氏的政变，庆氏失败后，公孙灶上台执政，当权六年后去世。铭文中的"立事岁"是齐国常见的纪年格式，"公孙灶立事岁"一句表明了此器的制作时间是在公孙灶当权之时。铭文中的"公子土父为其女中姜做媵（yìng）器"表明了此器是公子土父给女儿所做的陪嫁用具。

## 周王守臣齐上卿

**国子鼎**

战国

高32cm　口径27.8cm

山东淄博临淄齐故城内姚王庄出土

　　此鼎为食器，有盖，附耳，鬛（huán）底，三蹄足。盖上中间有一个方形钮，周围有三个矩形钮。腹饰凸弦纹一周。器盖各铸阴文"国子"二字。

　　国氏为齐国望族，地位显赫，国氏之族的宗子称"国子"。国子和高子同属周王朝所命的守臣，均为齐国上卿。据《国语·齐语》和《管子》记载，齐国在管仲改革以后，把全国人口和兵力分为三份，齐侯、国子、高子各统其一，可见国子地位之显赫。

海岱日新

## 工商兴盛便鱼盐

**盔形器**

周代

高26cm　口径19.2cm

山东东营广饶王家岗西南井子东出土

　　盔形器是鲁北地区商周时期普遍存在的一种陶器，为夹粗砂灰陶，直口，圆唇，深腹内收为尖底，胎厚坚硬，表面饰螺旋形粗绳纹。盔形器多集中出土于沿海地区，内陆也有少量出土，一般认为它与商周时期制盐有关。

　　山东自古盛产海盐。制盐时，先打井汲取卤水，然后将其排放到坑池内蒸发提纯，再把提纯后的卤水倒入多个盔形器中，最后点火烘烤，随着水分蒸发，食盐就结晶析出了。

---

**小知识：工商鱼盐**

　　齐建国之初，因地制宜，利用靠海的地理条件，推行"兴工商之业，便鱼盐之利"的政策，大力发展手工业与商业。春秋战国时期，齐国对工商业继续采取鼓励开放政策，使得经济发达、国力强盛，齐纨、齐镜等制品闻名一时。

　　山东有丰富的海水与地下卤水资源，自商代以来就是重要的盐产地。齐国盐政从西周早期的"官办制"，发展到春秋时期的"官山海"，再到战国时期的官办民营，经过多次调整，不仅促进了齐国的强盛，也对后世盐业生产与盐政产生了深远影响。

## 齐刀币

东周
最长18.4cm
山东省文管会接收

**大刀往来无征战**

齐国主要的货币形式是刀币与䀇（ài）化圜（huán）钱（战国晚期齐国铸币），齐币的出土地点基本反映了齐国货币的流通范围，齐国货币出土密集的区域反映了城市发展和发达的商业。

刀币主要流通于春秋战国时期的齐、燕、赵等国，齐刀币主要流通在齐国也就是今天的山东地区，其形由春秋时期的农具、手工工具和日常用具——刀演变而成。刀币由刀首、刀身、刀柄和刀环四个部分组成。刀首近于三角形，刀身和刀柄是两个长方形，刀环呈圆形。

刀币以厚大精美而著称，齐国刀币体形硕大、铸造精整，不过数量较少。齐国的刀币通常根据所铸造的文字数量而分为六字刀、五字刀、四字刀、三字刀。

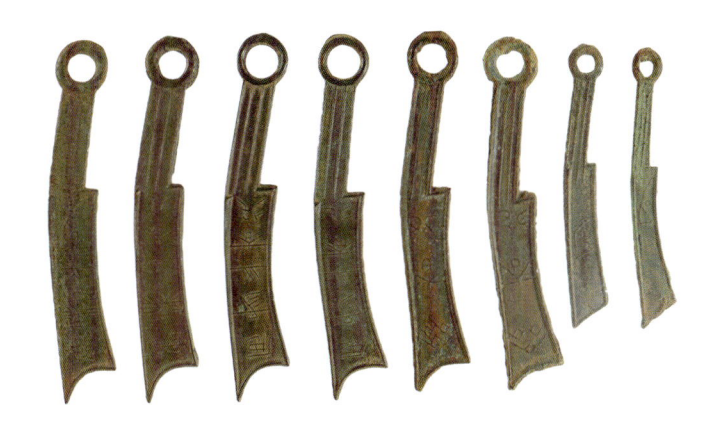

## 賹（ài）六化石范

战国

长23.5cm 宽9.4cm

　　齐国刀币和当时其他的国家的货币相比尺寸太大，也就意味着齐国刀币是各国铸币中面值最大的，于是齐国在战国晚期开始铸行圜（huán）钱。圜钱是刀币的"辅币"，也就是小面额的钱币，名为赇化。"賹"原为黄金的重量名称，"賹化"即为极珍贵的货币。

　　当时齐国的辅币赇化皆圜形方孔，钱币的正面能看到边阔，钱文用大篆直接标注出钱币的重量，背面是全平的。赇化共有三种，分别是赇化、赇四化、赇六化，大小重量依次递增。

　　赇六化石范即用来铸造赇六化的石范。石范为竖式平板式直流分铸子范，梯首长方形，浇注道居中，两侧各列一行钱模，每行五枚，相对两枚钱模的支槽与主浇注道呈"人"字形相交，底部有两个凸起的半圆形榫。

珍币轻轻辅流通

## 红色绢地刺绣残片

战国
长52cm　最宽13.6cm
山东淄博临淄出土

　　齐国多低山丘陵，宜种植桑麻，临淄阚（kàn）家寨遗址出土的炭化植物遗存中发现了大麻、苘（qǐng）麻等纤维植物与桑树等树种。《史记·货殖列传》记载战国时的齐国"故齐冠带衣履天下，海岱之间敛袂而往朝焉"。可见，齐国丝织业种类丰富，质量上乘，远销周边地区。

齐冠带衣履天下

> **小知识：东方海上丝绸之路**
> 　　山东地区的航海历史悠久，莱夷很早就掌握了"循海岸水行"技术。春秋战国时期，齐国通过海路与朝鲜半岛、日本列岛开展贸易往来，开辟了东方海上丝绸之路，在北方海上形成一条由山东半岛向辽东半岛、朝鲜半岛和日本列岛传播经济、文化、技术的大通道。临淄及其周边地区发现了带有异域文化特色的器物，隔海相望的韩国、日本也发现了东周时期的齐国文物。

# 环环相连随风响

### 玛瑙串饰

春秋
最大环径5.7cm　最小环径2.6cm
山东淄博临淄郎家庄出土

该串饰由6件玛瑙觿（xī）和32件玛瑙环组合而成。玛瑙有乳白色、黄色，均为半透明状。玛瑙觿中部有穿孔。玛瑙环断面呈五边形和六边形，棱角都经过修磨。串饰结构巧妙，制作精美，如此完整的一套玛瑙串饰在同时期出土的串饰中实为罕见。

觿是一种古代解结的用具。其形如锥，多用象骨和玉制成，也用作佩饰。

冰肌仙骨玲珑心

**水晶玛瑙串饰**

春秋

最大环外径4.5cm　最长管3.3cm

山东淄博临淄郎家庄出土

　　串饰以一枚大水晶环为挈领，下方再由四枚小水晶环穿缀，水晶管及水晶珠、玛瑙珠分为四条，末端再以四个水晶环结尾。水晶环无色透明。紫色水晶珠呈方柱形、圆形、扁圆形或带棱扁圆形，玛瑙珠呈圆形或圆柱形，水晶珠、玛瑙珠均采用单面穿孔，珠子体积大小不一。

　　这件串饰质地优良，工艺精美，设计独特，即使穿越时空为今人佩戴，也是极佳的装饰品。

## 君子有酒匜鹰首

### 鹰首匜（yí）

战国
高8.6cm　口径17cm

　　这件战国鹰首匜通体光素，呈桃心形，鹰头为流，鹰翅装饰器腹，鹰尾高凸，下承喇叭形圈足。

　　鹰首匜形的器物非常罕见，迄今发现只有寥寥数例。匜是中国先秦时代礼器之一，用于沃盥之礼，为客人洗手所用。尽管此器物称为匜，然而鹰首处并无流口可倒水，因此这类器物并非行沃盥之礼的水器。《中国青铜器综论》中说："匜除主要用作沃盥器外，亦可用为酒器。"这件铜鹰首匜应是盛酒器，是春秋晚期以来，贵族致力于享乐生活而发明的新型酒杯。

　　鹰首或是以鸟为装饰母体的器物，原本发源于东夷故地山东地区，因此这种鹰首匜与山东地区有密切的地缘关系。

## 瓦当

战国
长14.2～19cm　宽7～10cm
山东淄博临淄齐故城出土

瓦当是中国古代建筑上的重要构件，是屋檐最前端的筒瓦下垂部分，是用以装饰美化和庇护建筑物檐头的建筑附件。

战国时期的齐国瓦当一般以树木纹或变形树木纹为中心，两侧配以写实风格的双兽、双骑等，或具有抽象风格的饕餮（tāo tiè）双目纹、双箭纹、双钩云纹等，形成了独特的艺术风格，具有鲜明的齐文化特色。

战国时期的齐瓦当多为半圆形，圆瓦当亦少量存在。素面瓦当出现较早，纹饰以树形纹最为常见，两侧间有双兽、双鸟、人物、乳钉、几何图形或线条等纹饰，变化繁多，具有鲜明的地域特色。

翠林兽鸟瓦上现

**小知识：齐都临淄**

齐国曾多次迁都，于公元前859年定都临淄。临淄作为国都长达630余年，城市布局经过科学规划，以大规模宫室和高台建筑为特点，是当时最繁华的都市之一，也是东方重要的政治、经济、文化中心。

临淄故城位于淄博市临淄区齐都镇西北，城内分布宫殿区、冶铜遗址、冶铁遗址等遗存。在城的西北角有一座战国时期的长方形小城，内有宫殿、苑囿，可能为田氏代齐后新建的宫城。城外有齐国公侯墓地以及赫赫有名的稷下学宫等。

## 乐舞陶俑

战国
人物俑高7.6～8.8cm　祥鸟均高8.9cm
山东济南章丘女郎山战国墓出土

　　这组彩绘乐舞陶俑共38件，有人物俑、乐器和祥鸟，均为泥质灰陶，表面施陶衣彩绘。人物俑造型别致，面施粉红彩，发型、服装均为烧前雕刻，衣服上的花纹则是烧后彩绘而成。

　　这组陶俑色彩艳丽，造型生动，形象地展示了齐国贵族乐舞活动的盛大场面，为研究战国时期齐国的文化艺术、乐舞服饰等提供了极其珍贵的实物资料。

星河俯瞰花前舞

## 铜餐具

战国
铜罐高24.8cm
山东淄博临淄张家庄战国墓出土

**十人为宴溯齐风**

这是全国目前出土的战国时期唯一一套完整的餐具，制作精良而且保存完好，有的甚至还没有生锈，保存了青铜本来的金黄色。

这套餐具由耳杯、小碟、盘、碗、盒、罐等62件铜器组成，出土时这些大小形状不一的餐具均紧实地套在一个由三部分组成的铜罐里。

铜套餐具是战国时期齐国独特的青铜器类，这样一组设计精巧、数量巨大、大小、形制不同而又能套合在一起的铜餐具，体现了战国时期齐国手工业的高度发达。

从配套的十个耳杯、十个小碟来看，当时已经盛行十人为宴了，这也为"十人为宴"的风俗源于齐地的观点提供了有力的实物证据。通过墓葬出土信息判断，这套铜餐具的主人身份为士大夫阶层。能够陪葬如此豪华的餐具，不仅反映了当时齐国工匠的高超技艺，而且反映了当时齐国的繁荣和兴盛，为研究战国时期齐国手工业、制造业和齐国临淄地区的生活习俗提供了重要的实物资料。

溢彩流光对佳人

### 错金银镶松石三钮镜

战国
直径29.8cm
山东淄博临淄商王庄出土

  这是一件梳妆用具。镜背以金丝和绿松石镶嵌出云纹图案，九枚银质乳钉安排在穿过镜心的四条等分线上，镜缘有等距等分的三小钮，钮上各穿一小铜环，金丝、绿松石、银乳钉和青铜的本色交相辉映，是战国青铜镜的代表之作。

  此枚铜镜所用的黄金及绿松石都是当时比较珍贵的材料，而且其所用的错金银技术也是春秋战国时期兴起的新技术。战国时期青铜器装饰标新立异，作为战国七雄之冠的齐国，其凭借雄厚的经济实力和宽容的文化政策，在青铜器装饰工艺上已娴熟地运用了错金银、嵌绿松石等技术，创造了一批纹饰华美、流光溢彩的精美青铜器，这件错金银镶绿松石铜镜就是其中的典型。

## 周礼在鲁

鲁国（前1043—前255年）在周初分封时位列各诸侯之首，不仅被封赐许多典籍、礼器，还拥有祝、宗、卜、史四官，可郊祭文王，享有天子礼乐等文化特权，在东夷之地保存、传承了周文化。重仁崇礼的鲁文化是周文化的延续，是齐鲁文化的核心组成部分。鲁文化深厚的礼乐土壤孕育了孔子及儒家思想，为中华传统文化发展做出了重大贡献。

**鲁姬鼎**

西周
高23cm 径18cm
征集购买

## 十朋宝贝作宝鼎

鲁姬鼎为食器，口沿外折，双立耳，浅腹，平底，下承三个扁平夔（kuí）龙形足。腹饰兽面纹，腹内底有铭文"鲁姬赐贝十朋用作宝尊鼎"11字。

中国最早的货币是一种海贝，因为海贝五彩斑斓，形状各异，所以古代先民称它"宝贝"。贝币的单位是朋，甲骨文中"朋"字表示两串贝壳，每串五个，因此十贝为一朋。海贝是商朝流通使用的主要货币。西周时期，周天子和贵族也常常用贝壳赏赐臣下。

鲁姬是鲁国王室之女。鲁国是周朝的诸侯国，国君姬姓鲁氏，由周公旦长子伯禽于奄地（今曲阜）建都。

## 三禽古豆显华仪

**禽钮铜铺**

春秋

高26.3cm　口径27.5cm

山东济宁曲阜北关村出土

　　铺是古代的一种盛食器。此铺浅盘直壁，口沿微侈，柄较粗且作束腰状，下承喇叭形圈足。有盖，盖上有三禽钮，通体饰夔（kuí）纹，柄部及足有镂孔。

---

**小知识：礼乐立国**

　　鲁国是周公封国，在列国中地位崇高又具有战略意义。周公长子伯禽就封，推行"变其俗，革其礼"的治国策略和"尊尊而亲亲"的用人方针，以农业为立国之本，推行周公之礼乐制度。在春秋周王室衰微、礼崩乐坏之时，鲁国成了保存周礼最完备的文化中心，素有"礼乐之邦"之称。

## 作宝鼎

西周
高83cm　口径63cm

  这件西周作宝铜鼎是山东省内收藏的为数不多的较大型的西周铜鼎。其立耳微撇，鼓腹下垂，圜（huán）底，三蹄足。口下及足上部饰兽面纹及扉棱，腹饰勾连雷纹。腹内壁有铭文"作宝鼎"三字及一人形徽志。依此鼎形制判断，可能是宗庙祭器。

  "国之大事，在祀与戎"，事关国之存亡的大事，除了战争就是礼乐制度内的祭祀，正如《礼记·祭统》曰："凡治人之道，莫急于礼；礼有五经，莫重于祭。"

  自古以来，鼎便是国之重器，是王权的象征。《易经·杂卦传》有云："革去故也，鼎取新也。"可以看出，鼎作为国之重器对于王权政治的重要性，以及不可替代的"礼"的表达。

鼎礼膜拜祭宗庙

## 簋中铭颂千古颂

### 颂簋（guǐ）

西周
盖高30.1cm　口径24.2cm

山东博物馆十大镇馆之宝之一。

此器是西周时期的重要铜器，也是山东博物馆现存铭文字最多的西周青铜器，对于研究西周社会历史及书法艺术有极高价值。

颂簋器身圆形，盖顶部有圆形捉手，腹微鼓略下垂，子母口，腹两侧有一对兽首形耳，下有垂珥（ěr），圈足稍外撇，下有三个兽面象鼻形小足。盖、器口沿处各饰八组窃曲纹，盖顶捉手内饰卷体龙纹，捉手下与腹中下部各饰三周和六周瓦纹，圈足饰垂鳞纹。

腹盖对铭，各15行，每行10字，最后一行有两重文，共152字，完整记述了颂接受周王册命的时间地点、册命的仪式、任命的官职、赏赐的物品，以及册命仪式完成后所做的事和祝愿辞，完整反映了西周王室册命官员的礼仪制度，在西周铜器铭文中较为少见，与《周礼》所记基本吻合。

传世颂簋器盖俱全的有六组，分别藏于北京故宫博物院、上海博物馆、山东博物馆等处。此器造型庄重，铸造精良，纹饰瑰丽，铭文书体严谨，与颂壶、颂鼎并称"三颂"。

右征尹罍

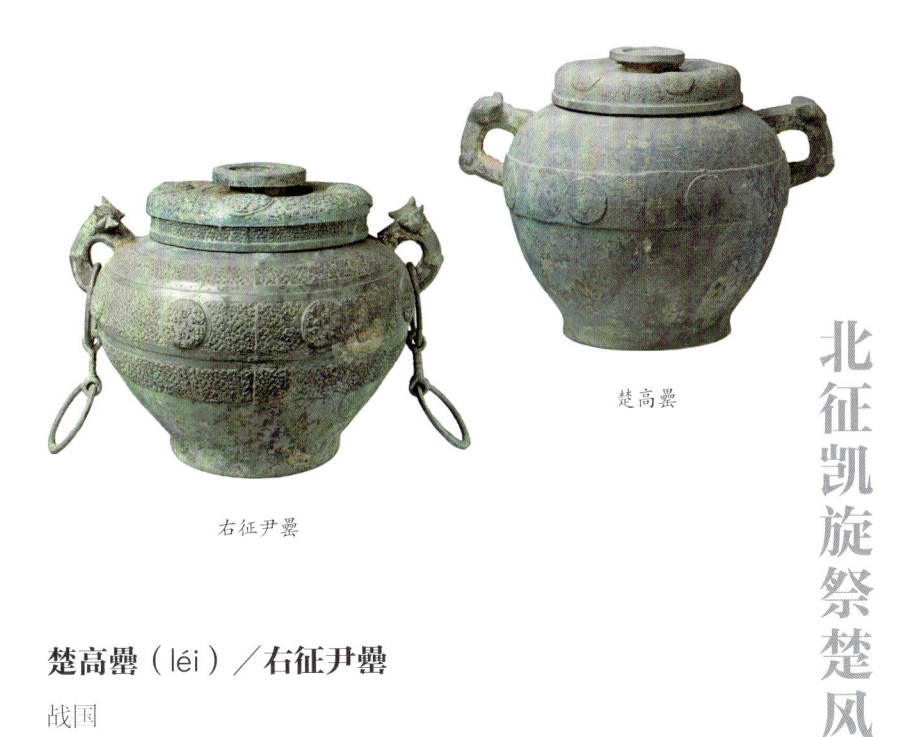

楚高罍

北征凯旋祭楚风

## 楚高罍（léi）／右征尹罍

战国
高36.4cm　口径22.4cm／高39.2cm　腹径38cm
山东泰安城西南东更道村南出土

　　这两件罍出土于泰山南麓的一个长方形窖藏内，同出者还有六件青铜罍、一件三足铁盘。

　　楚高罍由器盖和器身两部分组成。器盖盖面下凹，中央有提手，四周有六个圆饼形凸饰；器身圆肩、鼓腹、下部内收形成假圈足。肩腹两侧有兽首方形耳，腹中部也有一周八个圆饼形凸饰。器口沿唇部刻"右冶尹""楚高"等铭文。楚高是人名，右冶尹是官名。

　　右征尹罍，有盖，盖面下凹，中央有提手；器身圆肩、鼓腹、下部内收形成假圈足，肩腹两侧有兽首方形耳，耳内衔环，通过"8"形钮与另一环相连。盖上的蟠虺（pán huǐ）纹、腹部的三条蟠虺纹带以及中间带上的囧纹，精致而神秘。口沿上刻有"右征尹"三字，盖沿上刻有"征尹"两字。"右征尹"是战国时期楚国的官职。

海岱日新　103

**小知识：楚国**

楚国（？—前223年），又称荆、荆楚，是先秦时期位于长江流域的诸侯国，国君为芈（mǐ）姓。周成王时期封楚人首领为子爵，建立楚国。

鼎盛时期，楚国地域广大，囊括了现在的湖南、湖北、河南南部、山东南部、江苏、浙江大部、上海、江西等地区，甚至还包括陕西西南部的汉中区域。楚国既是春秋五霸之一，又是战国七雄之一。战国时期，楚国的面积相当于其他六国的总和。后来因为楚王用人不当，导致国势渐衰。公元前223年，秦军攻破楚国都城，楚正式灭亡。

大玉从此随君去

**玉璧**

战国

外径32.8cm　孔径11.6cm　厚0.6cm

山东济宁曲阜鲁国故城乙组52号墓出土

山东博物馆十大镇馆之宝之一。

此枚玉璧是战国玉璧中形制最大的一件，也是迄今多层纹饰玉璧中最早的一件。

玉璧在古代最主要的功能之一是殓葬，这件鲁国大玉璧即为殓葬玉璧，出土时在棺内死者的身下。

此玉璧为青碧色，玉质晶莹温润，呈油脂光泽。玉璧两面纹饰相同，以两组微凸起的绹（táo）索纹分隔成内、中、外三层纹饰。内、外两层为阴线刻纹，内层为合首双身龙纹，其间以三道绹索纹相隔成三组；外层为五组合首双身龙纹，每组龙尾两两相交；中间以斜向交叉排列的蒲纹为地，其间浅浮雕饰排列均匀的谷纹，寓意谷物满仓、丰衣足食。

> **小知识：大哉孔子**
>
> 春秋末年的鲁国，诞生了中国历史上伟大的思想家、教育家孔子。孔子集夏商周三代文化之大成，创立了儒家学说。鲁文化深厚的礼乐土壤孕育了孔子及儒家思想，对以儒家文化为主体的中华传统文化影响深远。

## 诸国林立

周代山东地区古国众多，渊源有自。除齐鲁之外，还有薛、莒（jǔ）、鄑（jì）等侯国。诸国之间互动频繁，且与山东之外的古国在经济文化交往中，互相借鉴，互相促进，为齐鲁文化的发展做出了贡献。

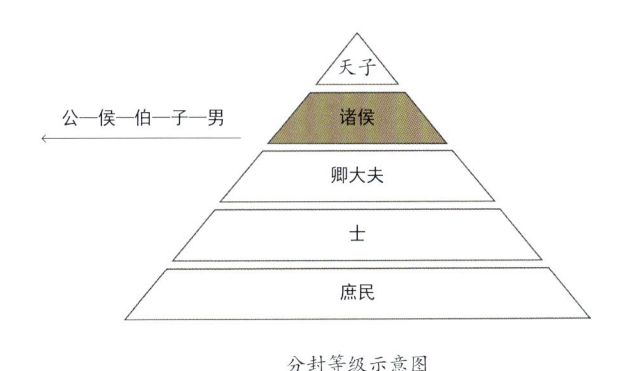

分封等级示意图

海岱日新 105

## 裸人铜方奁（lián）

西周晚期
高7.5cm　长12cm　宽7.5cm
山东日照莒（jǔ）县出土

  这件器物的特点在于造型和用途。器呈长方形，顶部有两片可以对开的小盖，每盖一钮，分别为男、女裸体人，二人生殖器着意铸出，呈面对面跽坐状。腹下部铸有六个人形器足，人形裸体，屈膝，双手在后背负器身。
  关于用男女裸人作为装饰的意义，学界说法不一，有人认为是"与人种起源的传说和祈求种族繁衍的思想有关""象征着子孙繁衍之意"；有人认为其是王公贵族用来把玩、观赏的；也有人认为此类造型除含有生殖精神外，因为出土于墓葬之中，可能代表一种"求生""复生"的期望，而且或具有厌胜之效，辟邪祈吉。
  此类方盒形铜器迄今所见共十几件，流行年代为西周晚期至春秋早期，是当时贵族女性所用的首饰盒。此器造型奇特大胆，寓意神秘莫测，具有极高的观赏和研究价值。

一帘幽梦尽入奁

## 莒（jǔ）平钟

春秋
山东临沂莒南大店镇出土

编钟是古代打击乐器，兴起于周朝，盛于春秋战国直至秦汉，多用于宫廷的演奏、征战、朝见或祭祀等活动。但这套编钟与众不同，它们又叫"游钟"。

这套便携式编钟，形制相同，大小递减，由九枚甬钟组成，整体轻巧，总长度才2米多，整套编钟重量只有几百千克。每个甬钟为长方形鼻钮，篆带饰变形蟠螭纹，鼓部饰兽面纹。篆带上下及两篆间各有涡纹钟乳突起，每区3层9枚，正背4区共36枚。钟的正面钲（zhēng）间和铣（xiǎn）部铸有铭文70字，曰："唯正月初吉庚午，莒叔之仲子平自作铸其游钟。……乃为之音……仲平善……考，铸其游钟，以乐其大西。圣智恭良，其受以眉寿，万年无期，子子孙孙永宝用之。"根据铭文所写，文中莒叔之仲子平是指莒国国君兹平公，也就是编钟的主人。这套编钟是主人田猎郊游的专用娱乐乐器，因此叫"游钟"，它们是莒国古老礼乐文化的重要佐证。

猎游歇息天地鸣

---

**小知识：莒国**

莒国为周朝诸侯国，是山东东夷中最强的国家，历经夏、商、周三代。以莒国为中心形成的莒文化，是齐鲁文化重要的组成部分。齐桓公为公子时，曾到莒国避难，留下"勿忘在莒"的典故。

## 奉匜沃盥礼仪先

### 冀(jì)伯匜(yí)／冀伯盘

春秋
匜，高14.7cm 长33cm 深9cm
盘，耳高12.7cm 口径43.9cm
山东烟台龙口归城出土

  匜最早出现于西周中期后段，流行于西周晚期和春秋时期。其形制有点类似于现在的瓢或舀水器，前有流，后有鋬（pàn），有的带盖，有的体高，有的全身布满花纹，造型不一。为了防止置放时倾倒，在匜的底部常接铸三足、四足，底部平缓一些的无足。

  匜和盘常常配合使用，是中国先秦时代的洗漱用具，也是礼器组合，用于沃盥之礼，或为客人洗手所用。使用时用匜浇水洗手，下面放盘接水。《左传·僖公二十三年》有"奉匜沃盥"的记载，沃的意思是浇水，盥的意思是洗手洗脸，奉匜沃盥是中国古代在祭祀典礼之前的重要礼仪。

## 食器成偶可双用

### 異伯子玘父盨（xǔ）

春秋
高15.3cm　口径纵14.6cm　横20.8cm
山东烟台龙口归城出土

　　此盨因其作器者为異伯子玘父而得名。器口呈圆角长方形，子母口，口两侧有附耳，耳与器间有双梁连接，盖上有4个方钮，器下有方足。盖与器身均饰瓦纹。器内底与盖内对铭5行26字："異伯子玘父，作其征盨，其阴其阳，以征以行，割眉寿无疆，庆其以藏。"

　　盨出现于西周中期后段，主要流行于西周晚期，到春秋初期已基本消失。作用与簋（guǐ）相同，都是放置主食的器具。造型为椭圆形或圆角长方形，带盖，两侧有兽形耳或附耳，盖上有四短足或凸起的圈足，可翻转过来放置食物。一般成偶数组合。

---

**小知识：異国**

　　学术界对于異国一直存在争议。大多数学者认为異国就是纪国。纪国是周代分封在东方的姜姓国家，其都城在今寿光市纪台镇一带。纪国与齐国接壤，地处鱼盐资源丰富的莱州湾西南岸，史载纪、齐两国有"九世之仇"，纪国选择与鲁国结盟对抗齐国。公元前690年，齐国军队攻破纪国都城，纪国灭亡。

海岱日新

## 石编磬（qìng）

周代
山东枣庄滕州薛国故城遗址出土

编磬早在春秋战国时期就已经出现，是古代宫廷雅乐或盛大祭典中不可或缺的打击乐器和礼器。编磬通常由石制或玉制的磬按音阶排成一组，悬挂在木架上；演奏时用小木槌敲打，与编钟配合，合奏出"金石之声"。

这组编磬出土于薛国故城遗址，可以想见当时薛国歌舞升平的场景。

**金石之声彻薛城**

---

**小知识：薛国**

薛国为东夷古国，是先秦时期山东境内传承有序、存续时间最长的古国之一。夏代，车正奚仲封于薛，始建薛国。西周时，武王封畛于薛，都城在今滕州市官桥镇和张汪镇境内。薛国春秋时期比较活跃，积极参加外交活动和军事行动。公元前321年，被齐国所灭，其地遂成齐邑，后为孟尝君之封地。

明万历十三年（1585年）《滕县志·古迹考》载："薛城，在薛河北、县南四十里，周二十八里，古奚仲所封国，城则田文增筑。"

山东枣庄地区出土了很多精美的青铜器，有很多收藏在山东博物馆内，其中以薛国和滕国的文物为主，包括铜盖鼎、铜鼎、铜盖豆、铜匜（yí）、铜盘、铜簠（fǔ）等。

## 随君南征几时回

**启卣**（yǒu）

西周
高18.8cm　口长11.8cm
山东烟台龙口归城小刘庄出土

  启卣为椭扁形，壶口两侧横置一根造型优美的提梁，提梁两端装饰有兽首形。启卣还配有一个雅致的盖子，盖顶有圆形把手，器身内和盖子上分别铸有内容相同的铭文："王出兽（狩）南山叟（搜）逦（蹒）山谷至于上侯滰（jiàng）川上启从征莫（谨）不扰乍且（祖）丁宝旅隣彝用匄（匈）鲁福用妍阳（凤）夜事戉箙。"铭文大意是周昭王南征楚国时，翻越山谷，走到上侯、滰川等地，启忠心耿耿地跟随周昭王，朝夕服务于周王朝，兢兢业业。这与《左传·僖公四年》记载的"昭王南征而不复"相互印证。启卣铭文中提到的上侯、滰川两个地方，可能位于长江流域。在青铜器上铸字记录一些重大历史事件的做法是中国商周时期一种非常流行的记功方式。

海岱日新　111

礼尚往来吉祥赠

## 黄太子伯克盆

*春秋*
高27cm　口径22.3cm
山东临沂沂水刘家店子出土

　　此盆为水器。方唇，斜沿，束颈，折肩，腹斜收，小底内凹，肩两侧有兽首衔环耳。覆钵（bō）形盖，盖顶三虎钮，虎作爬行状，虎背有使用磨损痕迹，盖中部有一对铺首衔环，盖沿有四枚兽首卡钮。器盖、身满饰多条蟠虺（pán huǐ）乳钉纹带，纹饰带之间以绹（táo）索纹相隔。盖、底同铭，行款略有不同。铭文："隹（wéi）正月初吉丁亥黄太子伯克作其钵盆，其眉寿无疆，子子孙孙永宝用之。"

　　据铭文内容可知作器者是黄国太子伯克，黄国是周代淮河南岸的一个小诸侯国，根据传世的黄太子伯克盘铭文内容推测，这件黄太子伯克盆出土于沂水刘家店子莒（jǔ）国墓葬中，或与黄国与莒国联姻有关。

　　山东地区出土的吴、越、燕、楚、晋、陈、黄等国的文化遗存，表明山东与周边古国之间往来密切，文化的交流融合成为齐鲁文化形成必不可少的外在动力。

胜败兵家事不期

**吴王夫差铜剑**

春秋

长57.8cm

  吴王夫差当政时期，吴国国势盛于一时。吴王夫差剑是春秋末年吴国以其国王夫差的名义铸制的铜剑，因铸制精良而闻名于天下。此剑剑身中线起脊，有格，扁茎。脊两侧从部刻铭文十字："攻吴王夫差自乍其元用。"其剑身布满绿锈，应该并非传世品，而是近年新出土的器物。

  公元前485年，吴王乘齐国内乱之机派军攻入齐国，对齐国造成了相当大的伤害。最终，齐国取得胜利，这柄铜剑或许就是齐人缴获的战利品。

---

**小知识：吴国**

  吴国（约前12世纪—前473年）是周朝的周王族诸侯国，相传始祖为周文王的伯父太伯，姬姓。吴国国境在长江下游地区，位于今江苏、安徽两省长江以南部分以及环太湖浙江北部，太湖流域是吴国的中心。

  吴王阖闾（hé lú）、夫差时期，国力达到鼎盛，成为东南霸主。公元前473年，吴国被越王勾践吞并，最终覆灭。

眉寿无疆子孙享

### 邳（pī）伯罍（léi）

战国

高28.5cm 口径21.3cm

山东峄（yì）县（今枣庄峄城区）收集

罍是中国古代大型盛酒器和礼器。其很早就出现在了历史舞台上，殷商时期，中原地区的先民就流行用方罍、圆罍作为娱乐宴飨的酒水盛器。到了春秋战国，罍又承载了更多的文化意义，成为礼制秩序和祭祀活动的重要载体，在南北文化交流中承担着明确等级、交汇文明的重要作用。

春秋中叶以后的罍器，形状和纹饰与商周时期有显著的区别。它们的形体变得更加矮胖，纹饰图案虽然大多继承了中原地区的传统，但繁缛图案渐少，越发素雅，风格更突出了鲜明的地方特色，这种交融展示着中原与地方审美文化的碰撞与新生。

此罍侈口，折沿，束颈，广肩，鼓腹，平底。肩两侧有兽耳衔环。自上而下分别饰窃曲纹、蟠虺（pán huǐ）纹和垂叶纹。口沿铸铭文29字："隹（wéi）正月初吉丁亥，邳伯夏子自作尊罍，用祈眉寿无疆，子子孙孙永宝用之。"

拳拳父心铭在壶

**陈侯壶**

春秋

高50.4cm

山东泰安肥城小王庄出土

该壶为酒器，壶体扁方，长颈，配有圆角长方形盖子。盖顶有圆角长方形捉手，铜盖翻过来，可做盛酒的杯子。颈两侧附兽首衔环耳，兽首上另有上卷象鼻。盖、颈及足饰弦纹，腹饰界栏形带纹，将腹分为八区。因壶口内侧和壶盖外壁上铸有"陈侯"二字而得名陈侯壶。

值得注意的是，陈侯壶器和盖上各铸13字相同的铭文："陈侯作妫（guī）橹媵（yìng）壶，其万年永宝用。"这13字铭文传达了一位父亲的拳拳爱女之心。

陈侯是陈国国君，陈国国君不姓陈，姓"妫"，"妫橹"是陈侯的女儿，"媵"是出嫁的意思。这件器物应是陈侯为女儿准备的嫁妆，希望他的女儿将其视为传家宝，世世代代永宝用。陈侯壶出土于山东肥城，而肥城在春秋时是铸国之地望，陈侯壶应是陈国和铸国联姻的物证。

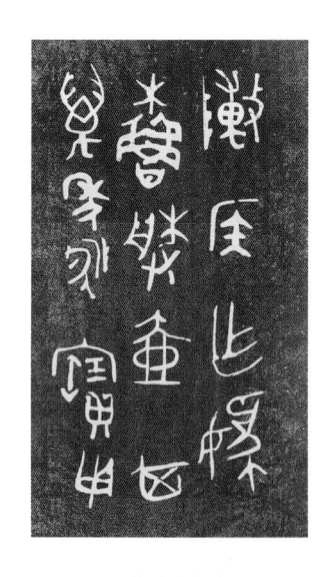

器内铭文拓片

> **小知识：陈国**
>
> 陈国是妫姓，原在河南睢（suī）阳，后迁安徽亳（bó）县，相传为帝舜后裔。公元前672年，陈公子完（陈厉公跃之子）担任齐国大夫，其后裔以田为氏，即妫姓田氏，并于公元前386年取代齐国吕氏，史称田氏代齐。

## 龙纹簠（fǔ）

春秋
高17.9cm　长26.7cm　宽21.7cm
山东泰安肥城小王庄出土

　　簠是古代祭祀和宴飨时盛放黍、稷、粱、稻等饭食的方形器具，由簋（guǐ）和鼎的形制演变而来，产生于春秋中期，盛行于西周末春秋初，一直沿用至战国末期。

　　龙纹簠斜壁、平顶、缘宽且直。盖与器形状相同，大小一样，上下对称，分开可作为两个器皿使用，合则为一体。其盖顶、器足皆设四兽，两耳作长髯卷尾的小兽；盖面及器壁饰卷唇龙纹；盖唇前后两侧有一小兽首，以为卡扣；盖缘及器口沿下饰窃曲纹。

龙飞兽舞闻谷香

## 鱼龙纹盘

春秋
高14.6cm 口径32cm
山东泰安肥城小王庄出土

　　该盘为水器。平沿外折，浅盘，平底，高圈足，双耳。盘中壁饰一周顺向追逐的鱼纹，盘底饰蟠龙纹，盘外壁饰夔（kuí）纹，圈足饰窃曲纹。集实用和装饰于一体，内容与形式相得益彰，给人以自然、和谐的视觉效果。

　　在中国古代，盛水的器皿又被称为盥器。大致可分为承水器、注水器、盛水器和挹（yì）水器四种，可分成盘、匜（yí）、盉（hé）、盂、鉴、盆等六类。

水波微澜鱼龙舞

# 秦汉隋唐

## 公元前221—公元907年

从秦横扫六合，始称皇帝，到唐八方辐辏（còu），兼容并蓄，1000多年间，中华民族多元一体的格局逐步得以确立和发展。其间既有秦汉的大一统，又有魏晋南北朝动荡中的民族大融合，还有隋唐时期的统一和繁盛。国家统一和民族融合既是历史发展的主流，更是各族人民的共同选择。

秦汉时期，山东地区的政治、经济、文化对大一统格局的奠基发挥了重要作用。魏晋南北朝时期，山东发生了规模较大的人口迁徙和文化交流，促进了民族融合与文化繁荣，迎来了隋唐盛世。

# 第一部分
# 秦抚东疆

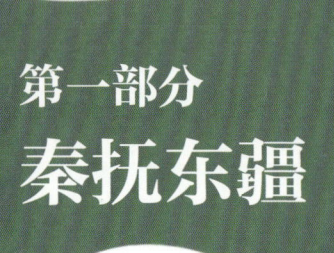

公元前221年，秦灭齐后，建立了我国第一个多民族大一统的王朝。从此，"大一统"的理念日益深入人心，统一成为中国历史发展的主流。被纳入中央王朝版图的山东地区，受到特殊关注。秦始皇三次东巡，亲抚齐鲁；封禅（shàn）泰山，昭告天地；镂刻金石，冀传久远；照临大海，求仙方外。

> **小知识：天下明壹**
>
> 秦始皇统一全国后，建立皇帝制度、三公九卿制和郡县制，在全国推行"书同文，车同轨，行同伦"，奠定了两千年来中央集权制度的基本格局。秦设济北、临淄、胶东、琅琊、薛等郡，加强了对山东地区的管理。

# 尽并天下量一统

## 始皇诏陶量

秦代
高9.2cm　口径20.5cm　底径17.7cm
山东济宁邹城纪王城出土

　　始皇诏陶量即秦朝统一测量粮食容积的用具。秦始皇统一六国后，采取一系列措施巩固统治、维护国家统一，统一度量衡便是其中的一项措施。

　　该量为泥质夹砂灰陶，腹部印秦始皇二十六年（前221年）诏书全文，20行40字，每4字为一组，戳印而成："廿（niàn）六年，皇帝尽并兼天下诸侯，黔首大安，立号为皇帝，乃诏丞相状、绾（wǎn）：法度量则不壹歉疑者，皆明壹之。"内底及口沿戳印"驺（zōu）"字。陶量的容量为五升，即半斗。这是秦始皇兼并六国后，统一度量衡的实物例证。

# 金版铭刻帝王令

**秦二世诏版**

秦代

长9cm 宽7cm

古时帝王下诏书,将诏书内容刻在金属版上,称为"诏版"。

这片诏版为铜质,呈上下有凹缺的长方形版状,四角各有一穿孔,左上角处残缺,仅存铭文48字:元年,制诏丞相斯、去疾,法度量尽始皇帝为之,皆有刻辞焉,今袭号,而刻辞不称始皇帝,(其于久远)也。如后嗣(为之者),不称成功盛(德。刻此)诏,故刻左,使(毋疑)。大意是:秦二世元年(前209年),下诏左丞相李斯、右丞相冯去疾,统一度量衡是始皇帝定下的制度,后人只是继续实行,不敢自称有功德。现在把这个诏书刻于左侧,使(天下人)不致有疑惑。

从形制看,此器应是镶嵌或捆缚在其他器物上使用的。诏书中的"刻此诏,故刻左",说明二世诏是配合始皇诏书用的附属文件。

## 官家密件封泥印

### 琅琊侯印封泥

秦代
纵2.9cm 横3cm
山东淄博临淄出土

　　封泥，亦名泥封，在中国先秦时代就已存在，是古人用来封缄竹木简文书并加盖印章的泥块，其正面是印文，背面有绳迹，形状不定，大多是不规则圆形，少数呈方形。在古代人们运送物件时需要用绳子捆扎，在绳子的打结处粘上特制的泥块，按上玺印，以作保密。直到晋代纸张、绢帛开始盛行，取代了竹、木简的使用，封泥也逐渐退出了历史舞台。

　　琅琊侯印封泥为秦代官印封泥。泥色灰，略呈圆饼形，泥背平，有绳纹两道。印为方形，边长1.8厘米，有"田"字界格，印文为"琅琊侯印"四字。

---

**小知识：琅琊刻石**

　　琅琊刻石是中国最早的刻石之一，刻于秦代。为秦始皇统一全国后，于公元前219年巡游东地，登琅琊台时所立。刻石内容是对统一事业的赞颂，传为李斯所书。秦二世东行郡县时又在石后增刻诏书。因历年久远现仅存13行86字。刻石是秦代小篆的代表作，用笔劲秀圆健，结体严谨工稳。

# 第二部分
# 齐鲁兴汉

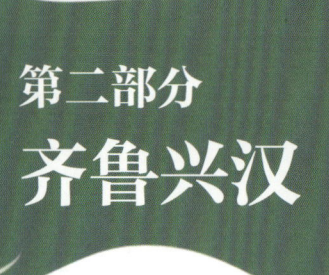

两汉时期，山东地区经济发达，富甲天下，是当时的经济、文化中心。诞生于此的儒家思想被确立为官方学说，逐步成为中国传统文化的正统和主干，塑造了中华民族的思维模式和生活习惯。齐鲁文明由地域文明跃升为主流文明，构筑了大一统王朝的文化框架。

## 郡国并行

汉代封国与郡县并行，山东既设琅琊、东莱、北海、泰山、济南、平原、千乘诸郡，又分封齐国、鲁国、济南国、济北国、高密国、吕国、城阳国、定陶国、胶东国等诸侯国。郡县"官遵嬴旧"，封国"同制京师"，二者承卫天子之土，同镇东方海疆。

食印在手无封国

### "关内侯印"金印

东汉至三国

高2cm　宽2.5cm

山东泰安新泰石莱镇东石莱出土

　　此金印龟纽。龟背较直，龟首微抬，呈现庄严大度、精美浑穆之感。印面方形，阴文铸刻四字，自右上顺读"关内侯印"，字体笔画规范严整，圆润遒劲。

　　关内侯，爵位名，秦汉二十等爵位之第十九等，位于彻侯之下，多为赏赐功勋的荣誉称号。有其号，无国邑，封有食邑数户，有按规定户数征收租税之权，可世袭。关内侯爵号一直延续到南北朝时期。汉代大将卫青、李息等都曾被封为关内侯。由于材质的原因，多数古玺金印保存良好，很少出现剥蚀现象，制作形式基本为铸印。

## 封泥之最属临淄

### 临淄丞印封泥

汉代
纵2.6cm　横2.8cm
山东淄博临淄出土

这枚临淄丞印封泥属于县邑官印封泥。县丞相当于副县长，主要掌管文书、仓库、监狱等。临淄丞，即临淄县副县长。

封泥之称最早见《后汉书·百官志》，而关于封泥的使用，则见诸《周礼》《左传》等文献记载中。但实物近两百年来才陆续被发现，始在四川出土，其后，在山东临淄等地多有发现，临淄封泥品种丰富，数量极大，在20世纪90年代之前，临淄一直是古代封泥出土数量最多的地区。

封泥留存至今是不可多得的史料，具有不一般的学术价值。它是除印章本身外，最能反映古玺印真实面貌的实物载体，对研究当时的社会功能和邮驿制度大有帮助。同时，封泥还具有较高的艺术价值。

## 王侯荣光

两汉时期，山东地区工商业发达，经济富庶，人文鼎盛，比较受重视的皇亲国戚和功臣才得以受封齐鲁之地，齐国、鲁国、吕国、济南国等均为实力雄厚的诸侯大国。目前山东境内经过考古调查和发掘的大型诸侯王墓有十余座，面世的丰富遗存再现了汉代王侯居则高楼重阁、侍婢成群，宴则钟鸣鼎食、高朋满座，行则宝马雕车、仪仗威严的恢宏场景，反映了两汉齐鲁的辉煌。

## 马上垂缰双龙攀

鎏金双螭铜车軑

鎏金铜轭角

**鎏金双螭铜车軑（yǐ）／鎏金铜轭（è）角**

西汉
高11.2cm　宽11.4cm／长9cm　宽4cm
山东济宁曲阜九龙山西汉墓出土

　　车軑是位于车衡两侧，用来装马缰绳的环形装置。缰绳自马嘴从軑中穿过到达驾车者手中，可避免缠绕。
　　此车軑通体鎏金，饰透雕双螭攀山纹。
　　轭是车衡前人字形的木构件，驾车时夹在马背上。轭的上部叫作轭首，下部套上金属包角为轭角。此鎏金铜轭角一端为兽面形，双眼外突，嘴巴嘟着像"山"形，另一端则是对称分叉的兽角形。

# 鎏金龙形铜车饰／鎏金环形铜车饰／鎏金虎头铜辕（yuán）饰／鎏金铜衡末

西汉
高13.5cm　銎（qióng）径 4cm／外径13.2cm／内径6.8cm／高11.1cm　长17cm　最宽14cm／高7.9cm
山东济宁曲阜九龙山西汉墓出土

## 金光灿灿饰宝车

这四件器物均为车饰，通体鎏金，华贵的材质辅以精细的雕刻工艺，彰显鲁王过去奢华显赫的生活，反映了宝马雕车、仪仗威严的场景。

龙形车饰一端为圆筒状銎，另一端为焰火中腾出的一龙首。

环形车饰环面内圈饰两条首尾相交的飞龙出没云端，外圈有山、虎、野猪及双鹿等纹饰。

车辕是马车车身上伸出的两根直木，用来驾在马上以便拉车，或用作人拉车的把手。这件辕饰呈筒形，一端封顶，作虎头形，张口露齿、双目圆睁；另一端为銎，有用来固定的两个穿孔。

车衡是车辕前端的横木，车衡两端称为衡末，主要起到保护车衡的作用，有圆帽状、矛状、三角形、兽首形等多种形制。

鎏金龙形铜车饰

鎏金环形铜车饰

鎏金虎头铜辕饰

128　山东博物馆

鎏金铜衡末

**小知识："驷马安车"**

驷马即四匹马拉的车，安车即坐乘之车。古代乘车一般都是站立在车厢里，称为高车，而安车则可以安坐，故有此名。安车一般为王公贵族家所常用。公元前154年，汉景帝封其子刘余为鲁王，治鲁县。西汉诸鲁王的陵墓位于曲阜九龙山，有五座，依山开凿，东西排列。1970年山东省博物馆发掘了其中四座，墓葬早年被盗，残存随葬品1900余件。车马室保存较好，共随葬12辆车、50匹马，都是王所乘坐的"驷马安车"。

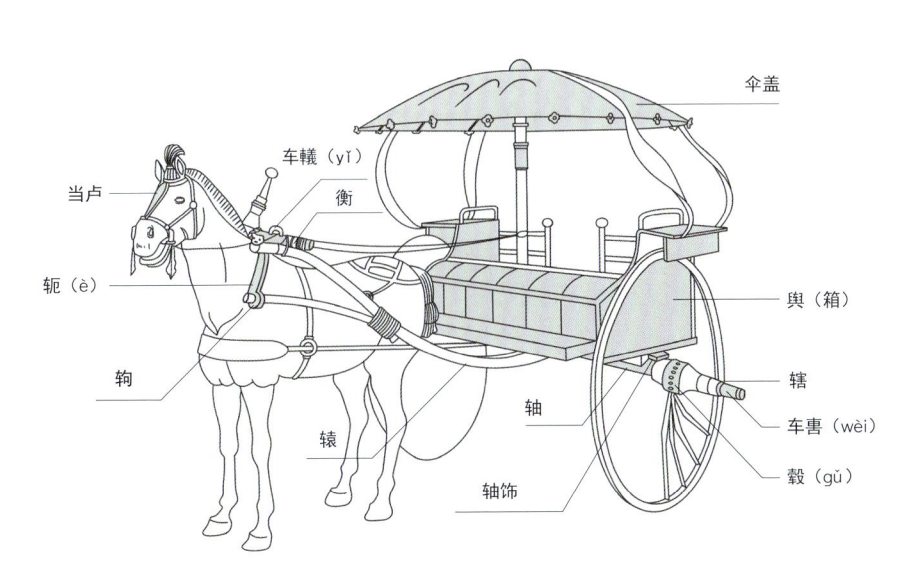

汉代马车解构图

海岱日新　129

# 赋文名垂两千年

## 鲁灵光殿砖

西汉

长37.5cm　宽37cm

山东济宁曲阜鲁故城出土

　　汉景帝前元二年（前155年），汉景帝刘启之子刘余被立为淮阳王。七国之乱平定后，被封为鲁王，谥号为恭。鲁恭王不喜文辞，喜宫室苑囿，大兴土木，修建了灵光殿。西汉晚期，长安未央、建章等皇家宫殿毁坏，灵光殿岿然独存。东汉光武帝刘秀封长子刘强为东海王，兼食富庶之地鲁郡，并以鲁为国都，沿用灵光殿并进行了整修。

　　东汉文学家王延寿曾为之作著名的《鲁灵光殿赋》，赞其华美壮丽："鲁灵光殿者，盖景帝程姬之子恭王余之所立也……遭汉中微，盗贼奔突，自西京未央、建章之殿，皆见隳（huī）坏，而灵光岿然独存。"此赋与班固《两都赋》、张衡《二京赋》齐名，成为赋中名篇。鲁灵光殿也成为名垂青史的建筑，是历代文人追思吊古的精神寄托。

祭天礼地玉六器

## 白玉透雕龙纹玉璜（huáng）／白玉龙形佩

西汉
长7.5cm　宽2.1cm／长19.8cm　宽9.4cm
山东济宁曲阜九龙山西汉墓出土

《周礼》中称"半璧为璜"，璜是一种弧形片状佩戴饰物，佩戴于颈下或胸腹部，多见于新石器时代中晚期至汉代，通常作为朝聘、祭祀和丧礼时用，是中国古代"六器礼天地四方"的玉礼器之一。六器即：璧、琮（cóng）、圭（guī）、琥、璜、璋（zhāng）。

这件玉璜作片状弧形，两端镂雕精美的对称龙纹。龙背隆起、龙尾交接，双龙回首遥遥相望。

这件龙佩为和田玉制成，当时的玉工娴熟地运用阴线刻、浮雕、局部透雕等技法塑造出一条整体呈盘曲的"几"字形玉龙，龙腹拱起部分有一供穿系用的孔。龙作回首状，长吻，躯体饰勾连涡纹，龙爪简化变形，卷尾。

龙形玉佩是诸侯王墓中较为流行的佩饰，主要出自西汉早期墓中，大都具有战国风格。

海岱日新

# 虎啸沙场震天响

## 虎钮铜錞（chún）于

汉代
高44cm
山东省文管会移交

　　这件錞于造型独特，虎形钮，盘作椭圆形，鼓肩收腰，足口平直。錞于出土的地点遍及湘、鄂、川、黔、滇、陕、皖、赣、粤、桂等十个省、区，以长江中、上游的湘、鄂、川、黔交界地区最为集中。

　　錞于是一种古代铜制军中打击乐器，最早出现于春秋时期，盛行于战国至西汉前期。

　　錞于有虎钮、环钮、兽钮等数种，虎钮錞于与巴人崇虎的习俗相契合。

　　《国语·吴语》中有记载，"王乃秉枹，亲就鸣钟鼓、丁宁、錞于、振铎……其声动天地"。《周礼》中有"以金錞和鼓"的说法。可见，錞于作为军旅乐器通常与鼓配合使用，在战争中指挥军队的进退。

## 钟鸣鼎食

洛庄汉墓位于济南市章丘区，是汉代规模最大的一座土坑竖穴式诸侯王墓，推测其主人是西汉吕国第一代诸侯王吕台。1999年至2001年发掘，共清理36座陪葬坑和祭祀坑，出土各类珍贵文物3000余件。尽管主墓室尚未发掘，但现有遗存无不体现出墓主身份尊贵和生活优渥，盛食用鼎，乐有琴钟，是汉代发达的物质文明的集中体现。

## 大官食器属南宫

**齐大官畜南宫铜盆／齐大官畜南宫鼎**

西汉
高18cm　口径52cm／高16.9cm　口径15.5cm
山东济南章丘洛庄汉墓陪葬坑出土

　　洛庄汉墓以其庞大的车马坑和乐器坑而闻名，五号坑出土各类铜器逾百件，包括鼎、盆、勺、甑（zèng）、釜（fǔ）、量器等，其中半数铜器上刻有铭文。
　　这件铜盆虽长得和盆一样，但口沿部位铭文却是"齐大官畜南宫鼎"。
　　这件铜鼎为食器，鼎器身线条圆润，鼎盖上立三环钮，鼎盖和鼎身口沿下横向、竖向各刻有铭文"齐大官畜南宫鼎"。
　　齐指齐国；大官是官名，源自秦官制；畜，通厨，是厨官的简称；南宫，一般认为是宫殿名称。铭文大意为：齐国掌管南宫这座宫殿的大官所铸造的鼎。也有学者将"齐大官"解释为齐王的食官，"南宫"是置用之所，铭文大意为：食官在南宫为齐王烹饪所用的鼎。

海岱日新　133

## 生活百态

汉代简政宽刑,轻徭薄赋,重视农业,社会经济迅速发展。承平盛世,百姓生活安逸,起屋穿井、治楼藏谷、营造冢堂。种类丰富的汉代遗存成为山东"人众殷实"的最好写照。

## 日日笑口不自持

**绿釉陶厨俑**

汉代
高29.1cm
山东聊城高唐东固河出土

这件陶俑是随葬明器。陶人身着立领短衣,头戴帻(zé)巾,高挽衣袖,跽坐在条案前。他笑容可掬,左手扶物,右手握刀,正在案上忙于切割。其眉飞色舞、忍俊不禁之态将内心的喜悦显露无遗。

汉代陶俑的特点是不过分追求逼真和细节,而是追求神韵,轮廓简单明了,风格古朴稚拙,极为传神地表达出人物内心的喜怒哀乐。

以陶俑来代替人殉葬的风气在秦汉时期盛行,汉代重视厚葬,从随葬品中可看出汉代日常生活状态。

## 独尊儒术

汉武帝采纳董仲舒"罢黜百家、独尊儒术"的建议以来，儒家思想成为正统思想，儒学成为官学。西汉"五经八师"山东占其六，东汉五经十四博士山东有八家，以高密郑玄为经学集大成者。伏胜传今文，孔壁出古文，齐鲁之学通万方之路，对后世产生了深远影响。

## 数典习传祖先训

**熹平石经残石**
汉代
长11.6cm　高14.5cm
前山东省立图书馆旧藏
山东省文管会移交

鉴于经书辗转抄写，错误很多，东汉熹平四年（175年），汉灵帝命令蔡邕等人以隶书写定《诗》《书》《易》《仪礼》《春秋》《公羊传》《论语》等七经。光和六年（183年），经蔡邕等人写定的经书被刻成46碑作为儒学经典的标准定本，立在太学，以便读经人校对是正。"熹平石经"因此成为中国历史上最早的官定儒家经本石刻。然而，汉末战乱，殃及石经，已少有整石存在。自宋代以来，则时有残石出土。

海岱日新　135

## 齐地兵书 甲天下

1972年4月，文物工作者在临沂银雀山发现两座西汉早期墓葬，出土简牍7000余件。其中大部分为兵书和政论之书，一部分为阴阳、数术、方技书，另有少量诸子、辞赋书，为研究西汉早期以前的学术提供了丰富的资料。

### 银雀山汉简《孙子兵法》/《孙膑兵法·擒庞涓》

西汉
长27.1cm　宽1cm
山东临沂银雀山出土

山东博物馆十大镇馆之宝之一。

"国之大事，在祀与戎。"先秦时期出现了兵家学派。临沂银雀山汉简以丰富的兵学著作闻名于世，内容包括《孙子兵法》《孙膑兵法》《六韬》《尉缭子》等。这套兵法竹简写于公元前140～前118年（西汉文景时期至武帝初期），其简文书体为早期隶书。

《孙子兵法》也称《吴孙子》，是中国最具影响力的军事著作，被誉为"兵学圣典"。作者孙武，春秋末年齐国人，后至吴国成名。银雀山汉简《孙子兵法》共有简近三百枚，包括传世本13篇及佚文5篇。

《孙膑兵法》也称《齐孙子》，作者为战国时期齐国人孙膑，晚孙武百余年。出土简本共16篇。

《孙子兵法》与失传近两千年的《孙膑兵法》同墓出土，证明孙武与孙膑为两人，并各有兵书传世，揭开了自宋代以来关于孙子和孙膑是否为一人的历史谜团，为辉煌的齐鲁兵学提供了有力佐证，具有极为重要的历史和研究价值。

兵家聚会银雀山

海岱日新　137

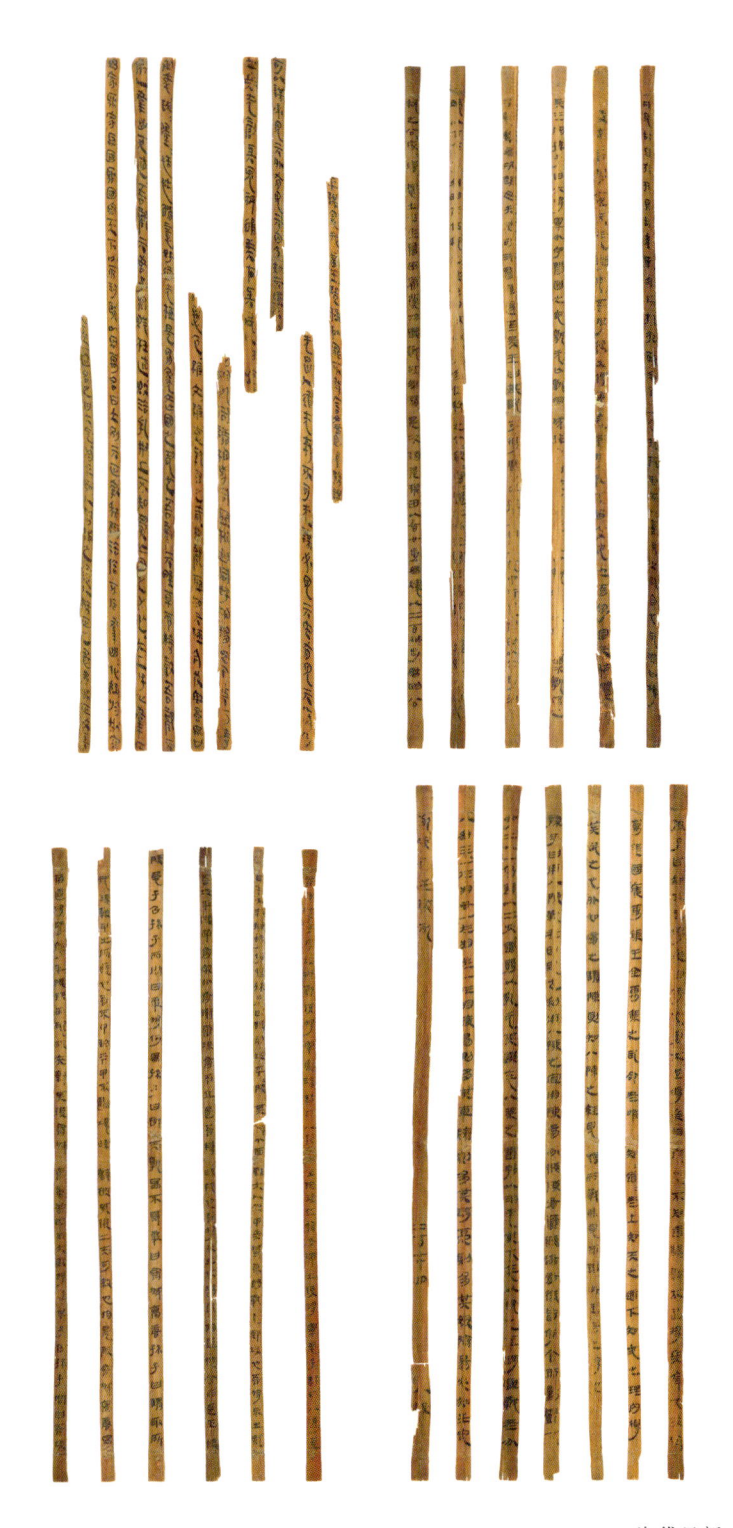

## 汉史画卷

汉代艺术空前繁荣，从出土的画像石、碑刻、漆器、帛画、铜镜、砖瓦中可见一斑。山东是汉碑的荟萃之地和画像石主要分布区之一。全国现存的汉碑，山东占一半以上，多集中于曲阜、济宁、泰安等地。在功用上，可分为神道碑、庙堂碑、记事碑。山东地区汉画像石延续时间长，内容丰富，生动地再现了当时的社会状况，是了解古代政治、经济、文化和社会生活的重要资料。

### 汉碑初兴古隶拙

**麃（biāo）孝禹碑**

西汉
高182.5cm　最宽46cm　厚26cm
山东临沂平邑出土

麃孝禹碑又称麃孝禹刻石、河平刻石，是中国现存最早的墓碑。

此碑刻于西汉河平三年（前26年），碑正面阴线刻竖向三栏界格，顶端阴刻房檐形装饰，整体类似房屋形状。中栏界格较窄，无字。左右界格上方各刻一鸟，其中左侧一鸟保存较好，形似鹤。鸟下方各刻隶书铭文一行，两行15字，右行刻"河平三年八月丁亥"八字，左行"平邑成里麃孝禹"七字，记述了立碑的时间、地点、碑主。左下方界格外刻有宫本昂等人的题记。

该碑碑制尚属早期形态。另外，该碑在书法方面极具代表性，遒劲苍古，可为古隶代表。

## 刘汉作石狮

东汉
残高98cm　残长130cm
山东淄博临淄出土

石狮为圆雕，呈跪姿，双耳竖立，虽有残缺，但昂首瞪目、张口露齿，气势雄浑，头颈部还有卷曲的鬣（liè）毛。石狮颈部阴刻隶书14字："雒（洛）阳中东门外刘汉所作师（狮）子一双。"

狮子来自西域，汉代时，并非寻常之物，只饲养于皇家后院供王室玩赏。

## 孙氏阙画像石

东汉
高180cm
山东临沂莒（jǔ）南东兰墩村出土

阙身为汉碑碣造型，由整石凿成，呈上窄下宽的梯形。阙身正面采用剔地浅浮雕技法，四周刻边栏两重，内饰垂幛纹。刻画图像四层。第一层，上部有人物拜谒、建鼓、倒立伎，中部有六头人面兽、三鱼共首、鳖等图像，下部刻二人徒手相搏；第二层，二骑者左向行进；第三层，左边一人抚琴、一人击节伴奏，对面一人跳巾舞；第四层，刻四人两两对揖。阙身左侧面刻图像三层。上层，一兽上行；中层，十字穿环纹；下层，一人首蛇身者，遍身鳞纹。阙身右侧面刻隶书题记一行29字："元和二年正月六日孙仲阳仲升父物故行丧如礼刻作石阙贾直万五千。"

由题记和发现情况来看，此阙建于东汉章帝元和二年（85年），是现存纪年石阙中时代较早的一例，为东汉孙氏家族墓前的神道石阙，是孝子孙仲阳等为其父所建的墓道双阙之一。

异域之狮皇家赏　楼台遥看家万里

# 第三部分
# 交融鼎盛

魏晋南北朝时期，战乱频仍，政权更迭频繁。各种政治势力在山东地区不断角逐、相互冲突，导致人口频繁徙动，促进了不同民族和文化的交融互补。这一时期，佛学东渐，玄学兴起，雕塑、绘画和书法艺术迎来了全面繁荣。隋唐时期，大一统格局再次形成，山东地区社会稳定，经济发展，文化兼容并蓄，异彩纷呈。

## 世家大族

魏晋南北朝时期，世家大族在政治上拥有选官特权，垄断清官要职，并与皇室和其他士族联姻，保障自己的政治地位；经济上占有大量土地和劳动力，建立庄园；文化上注重礼法和家学的传承，大兴谱牒（家谱）之学。山东士族中比较著名的，如琅琊王氏、颜氏、诸葛氏、高平郗（xī）氏，泰山羊氏，东清河绎幕房氏，东清河鄃地崔氏等，都具有较高的政治地位和文化地位。

# 一生淡然悠悠行

**彩绘陶牛车**

南北朝
车通长36.8cm　车厢长12cm　高15cm　轮径13cm
牛高11.7cm　长21.7cm
山东德州乐陵温家店出土

  在汉代社会，上层贵族出行时多乘马车，但以牛车代替马车的情况也可见到。东汉时期，牛车迎来了历史转折点，上层贵族和豪门地主转而喜乘牛车。东汉末年以来，牛车在社会生活中的地位逐渐上升，成为当时重要的交通工具。及至魏晋南北朝时期，乘牛车更是成为一种时尚。牛车的发展与士族的带动有着密切关系。

**熠彩千年**

山东嘉祥英山一号墓是一座隋代壁画墓,圆形单室砖券,穹窿顶,白灰抹面,绘有彩画。墓主人为徐敏行,生于梁武帝大同九年(543年),殁于隋开皇四年(584年),历经梁、北齐、北周和隋四朝。墓中出土的壁画是首次发现的隋代墓室壁画,内容主要为出行和宴享,有墓主夫妇像、仪仗、奏乐、侍女、备牛车、备鞍马等图像。

## 徐敏行墓壁画

隋开皇
高73cm 宽93cm
山东济宁嘉祥英山一号隋墓出土

**日月星辰伴车行**

徐敏行,字讷言,曾在杨广手下做驾部侍郎。该墓中出土有墓志,志盖题额为"故驾部郎徐敏行墓铭"。

徐敏行墓壁画在布局上可分为两个部分。第一部分绘于穹顶之上,为天象图,分为东南西北四方,分别绘制日月星辰。东方绘星星和太阳,南北两方绘制天体星辰,西方绘制星星和月亮。第二部分绘于墓室四壁及门洞内、外壁。其中,墓室南壁绘制持剑武士。东、西壁分别绘制以鞍马、牛车为中心的"出行图"。

西壁壁画,似为准备男主人出行场面,前面以二人一马为前导,中间四人为出行行列的仪仗。

东壁上的壁画是与西壁相对称的徐敏行夫人出行图。最前面的是四名执宫灯侍女,中间是一辆帷屏的豪华牛车,车内坐的应该就是女主人,车侧有随行的护卫,车后还有四名侍女分捧巾帔(pèi)等器物。

墓室北壁则绘制以墓主夫妇并坐宴飨为中心的"宴乐图"。男主人身着交领窄袖,女主人头梳高髻,上身穿窄袖交领襦衫,下着间色裙高束于胸,手持酒杯,正欣赏舞蹈。

此壁画着色以重彩为主,兼施淡彩,是最早发现的隋代墓室壁画,代表了隋代绘画的较高成就,对研究隋代习俗及绘画有重要意义。

徐敏行墓壁画（局部）

## 窑火神工

## 肆意搅花浑天成

山东是我国北方最早生产青釉瓷器的地区，在中国瓷器发展史上占有一席之地。北朝时期，产品以青瓷为主，器类简单，造型简朴，多属于日常生活用器。隋唐时期，生产规模进一步扩大，窑址数量有所增加，器类更为丰富，瓷器釉色以青釉为主，白釉、黑釉、酱釉、黄釉等并存，器类仍以常见的生活用具为主。

**绞胎盘**

唐代

高2cm　口径17cm　底径11.8cm

山东省文管会移交

陶瓷器发展到唐代，出现了多种色釉，同时唐人还创烧了一些新品种，比如绞胎瓷器。

绞胎瓷，又称搅胎瓷、搅花瓷、透花瓷，就是将两种或两种以上不同颜色的瓷土糅合在一起，形成变化莫测的纹理，拉坯或压模成型，再罩透明釉入窑烧成。但由于两种胎体烧造条件不同，对工艺的要求很高，因此产量不大。

这件绞胎盘，由黑胎土和白胎土混合制胎，白褐两色的绞胎纹满布盘内外两壁，随机分布的绞胎纹如肆意滚动的浪涛，又似百年沧桑的木纹，线条具有宛若天工的写意之美。

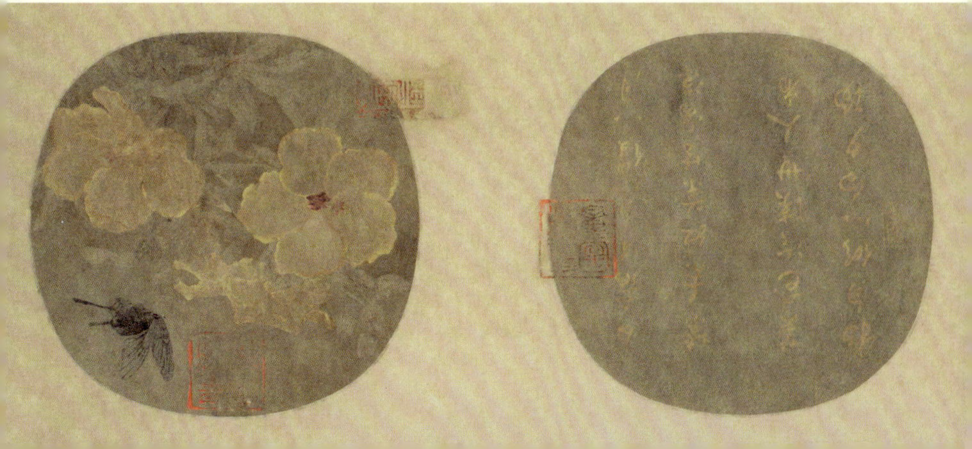

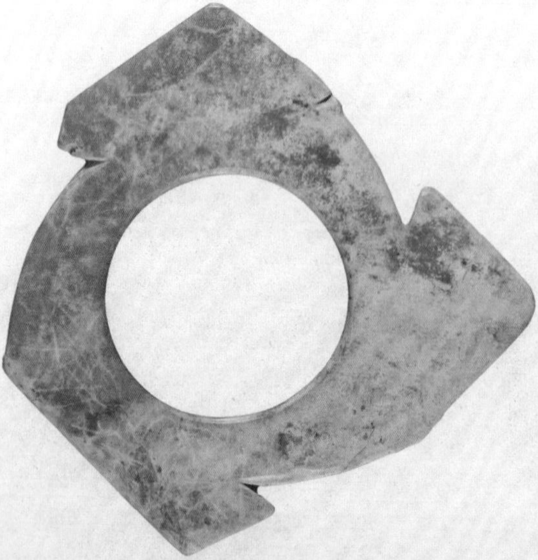

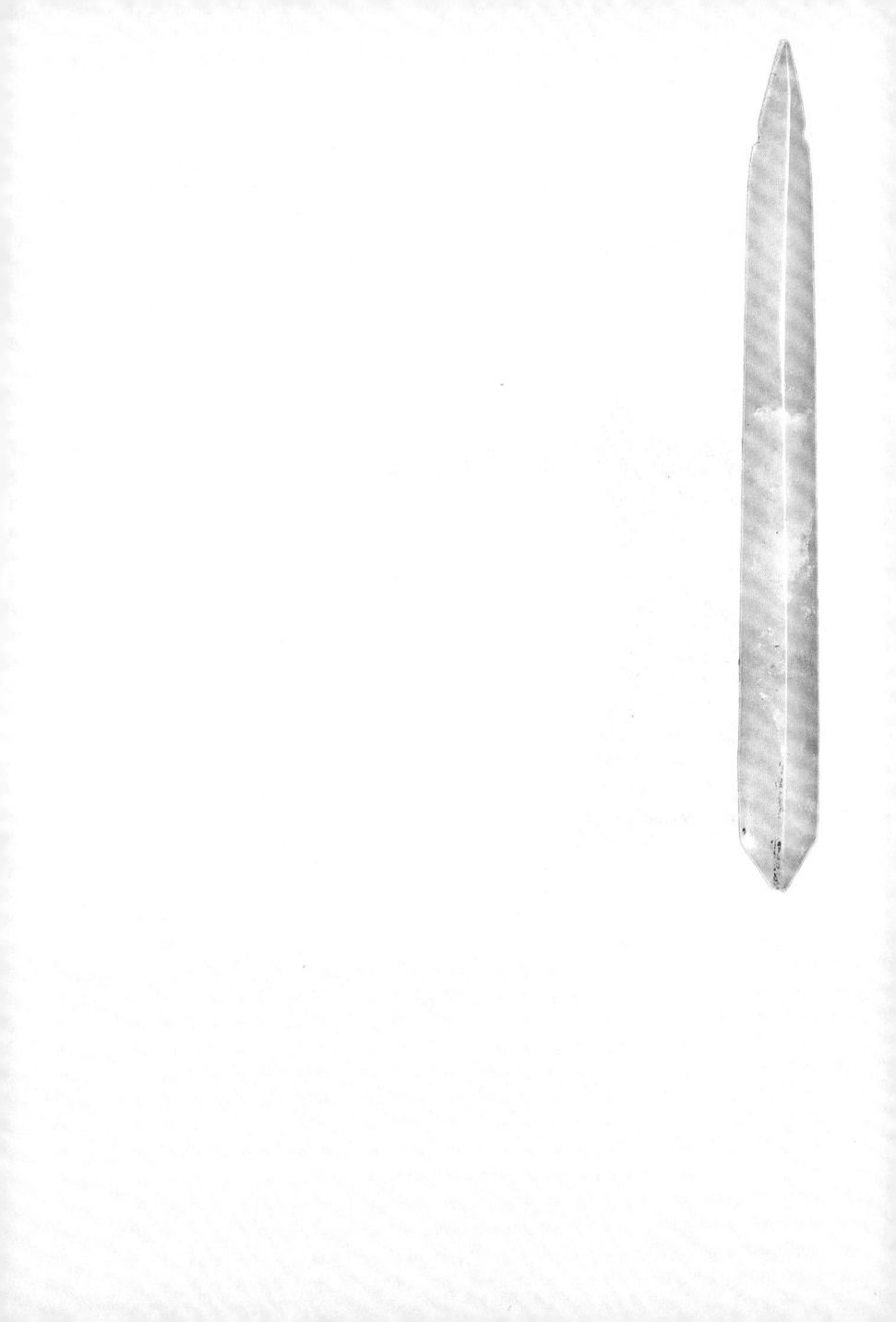

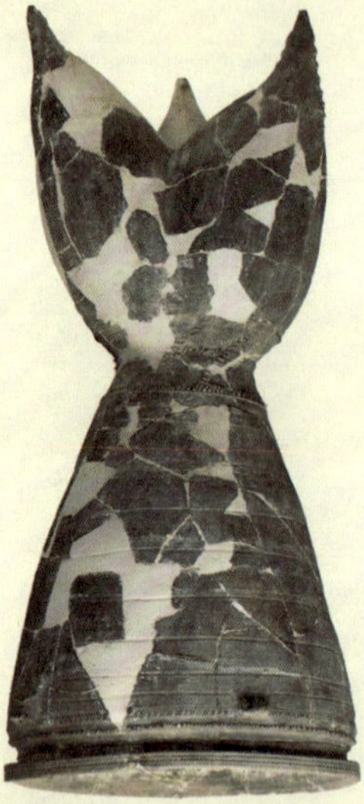

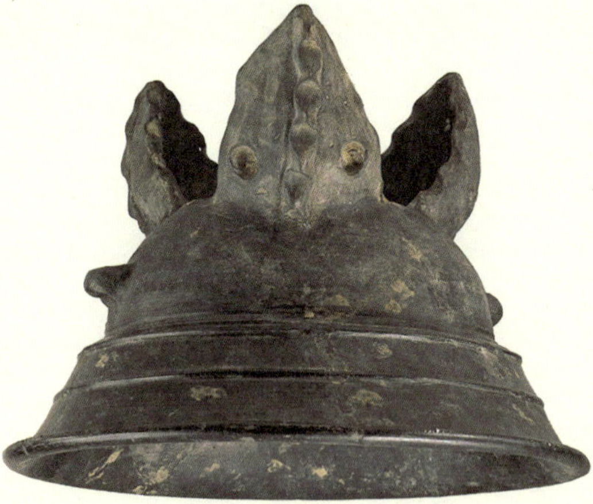

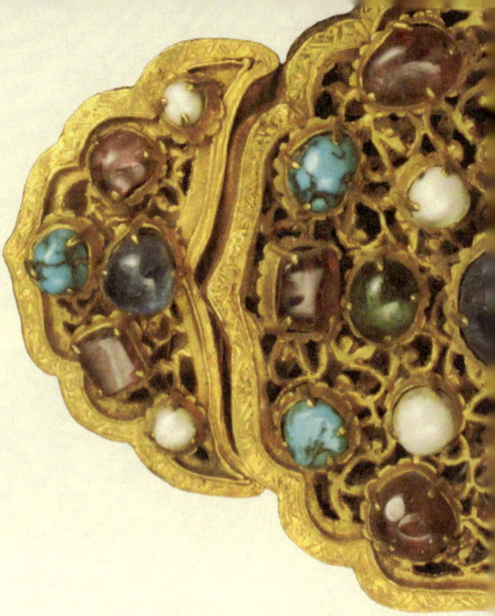

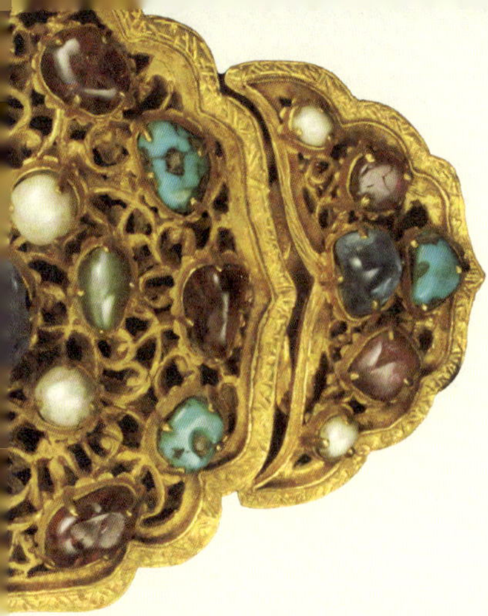

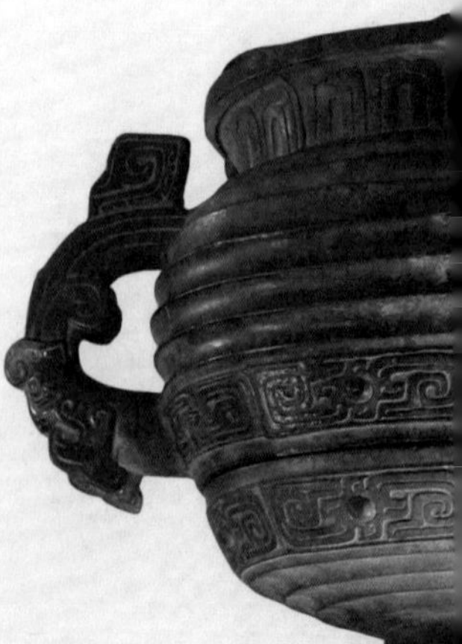

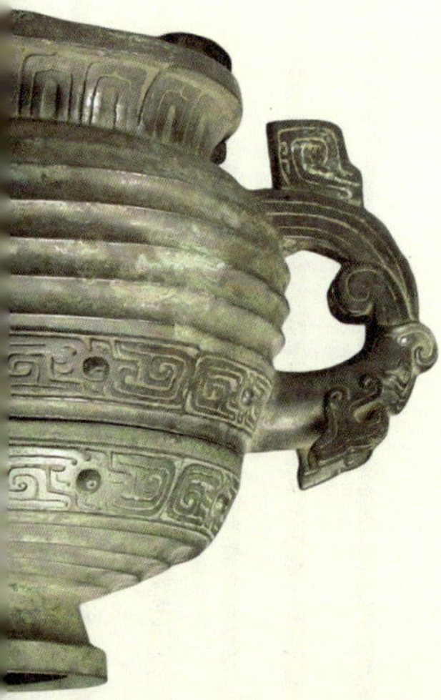

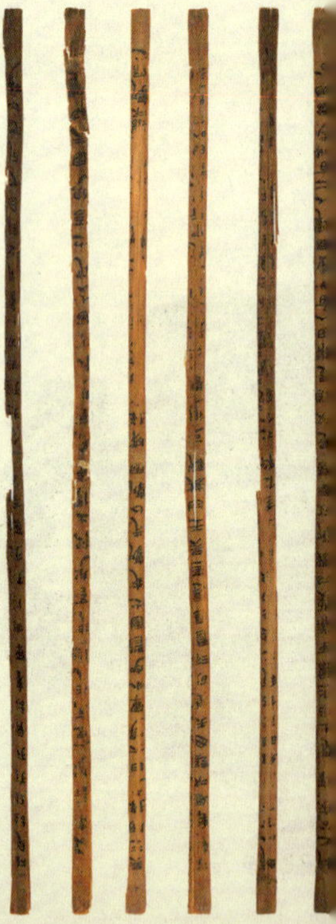

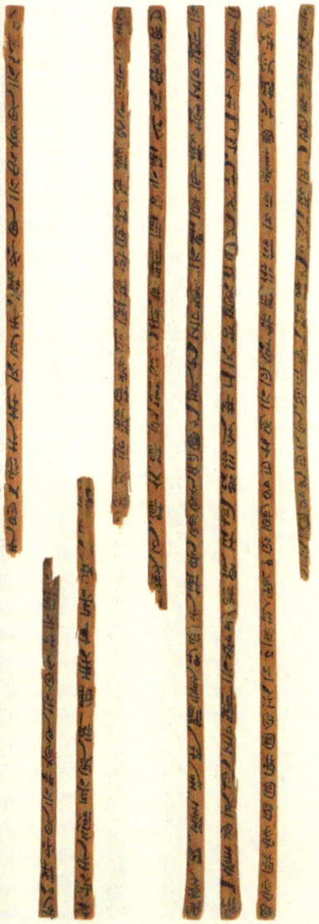

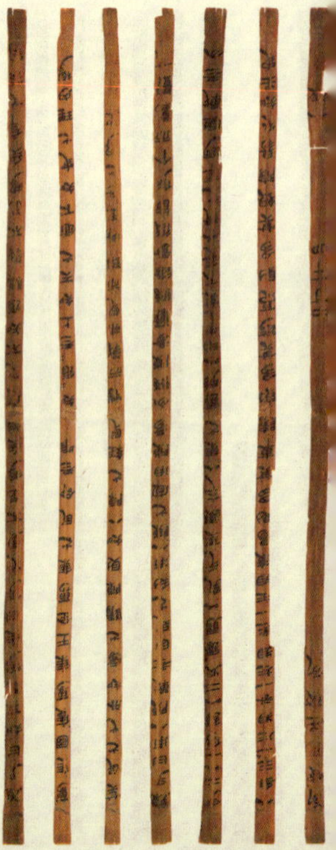

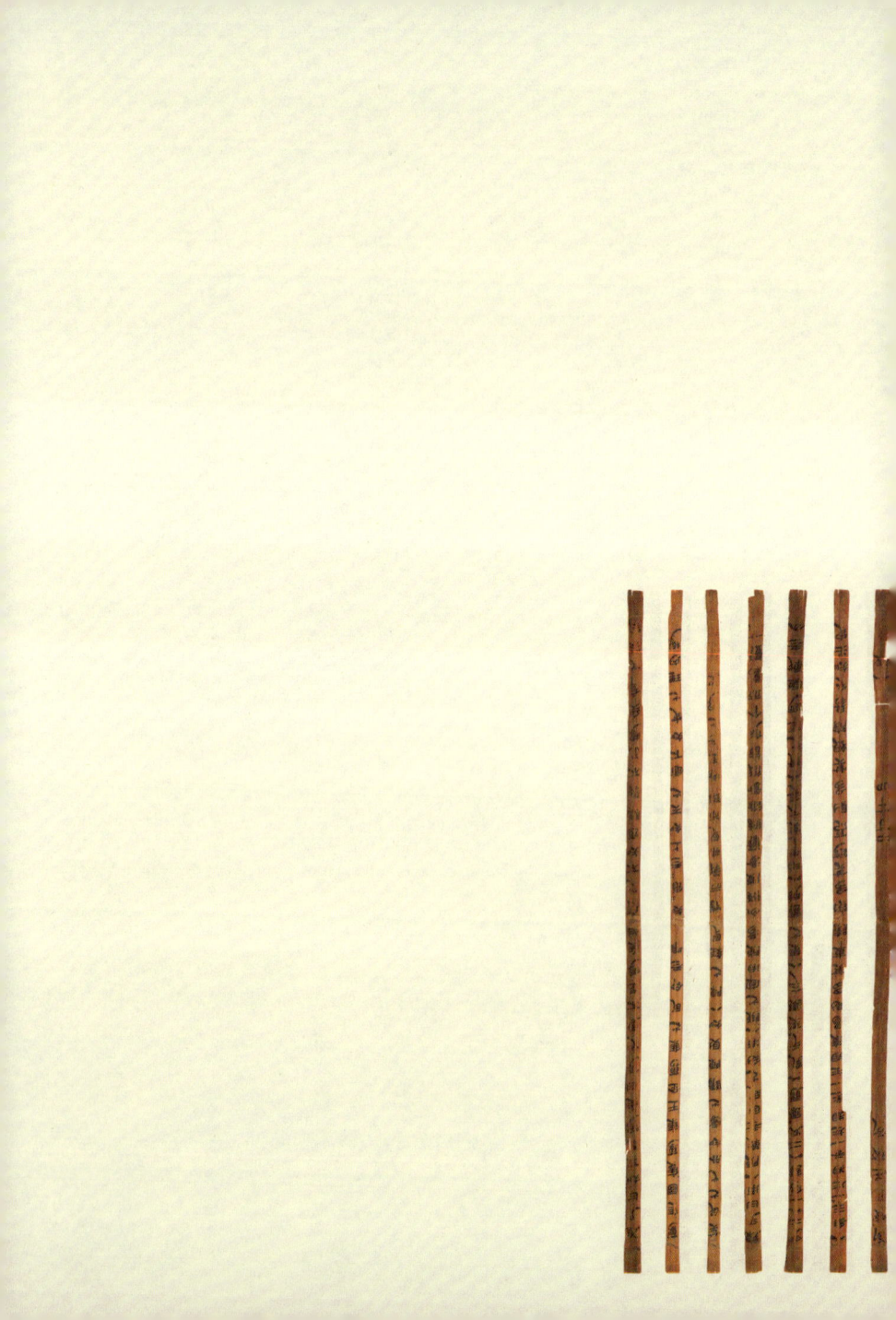

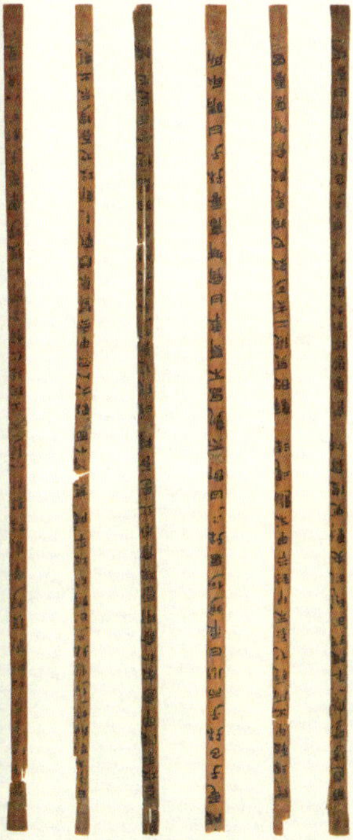

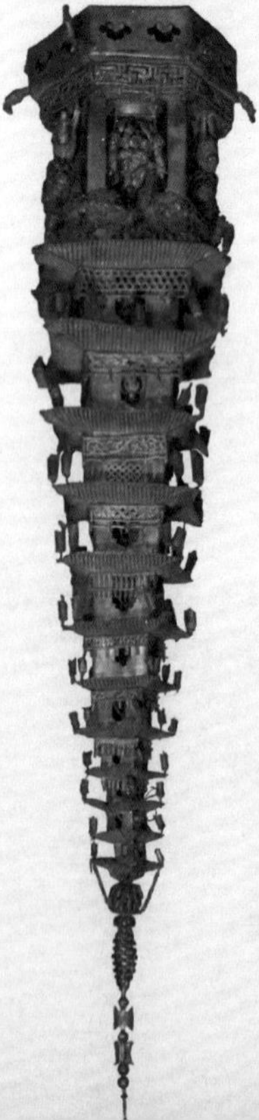

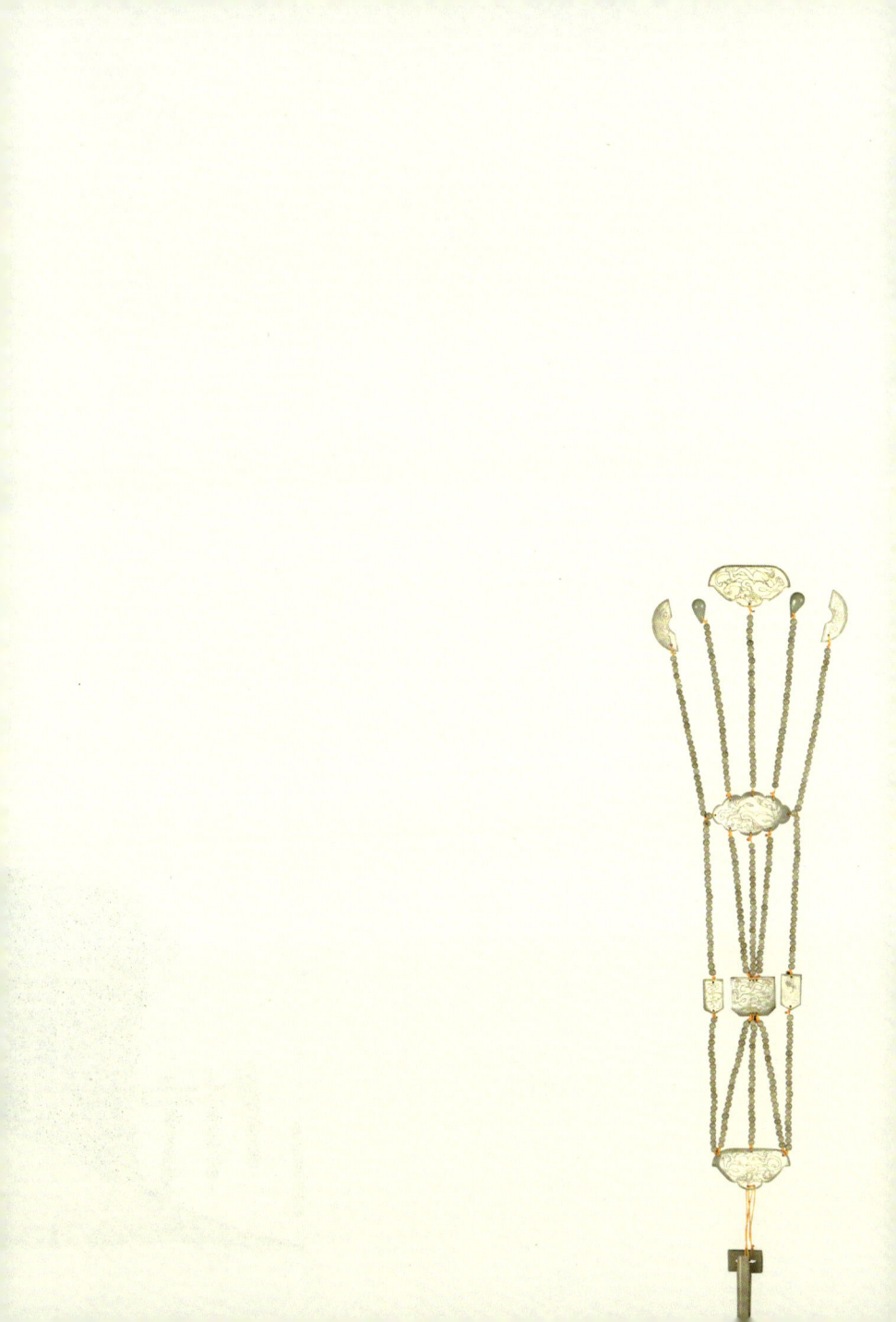

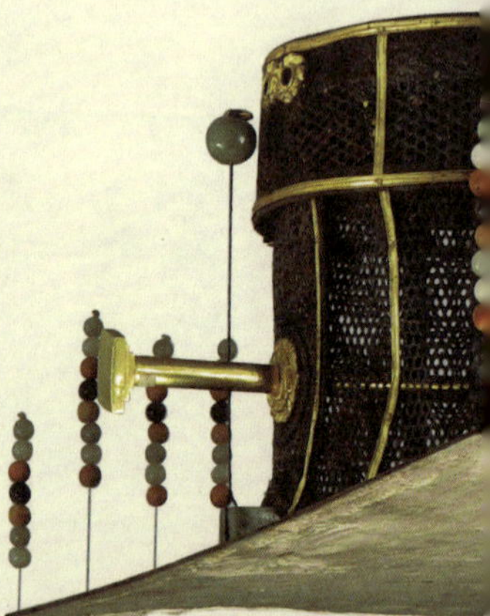

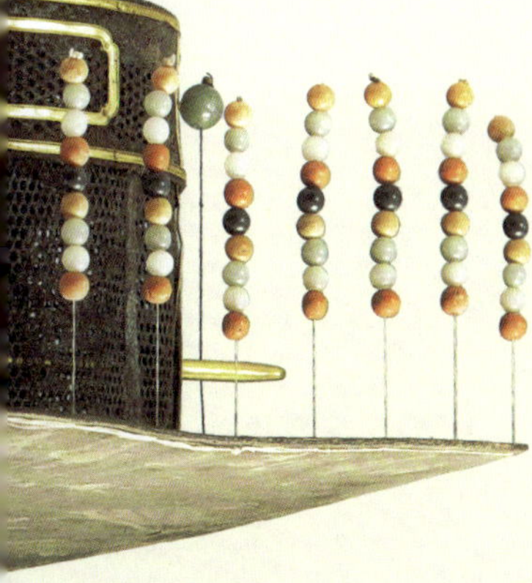

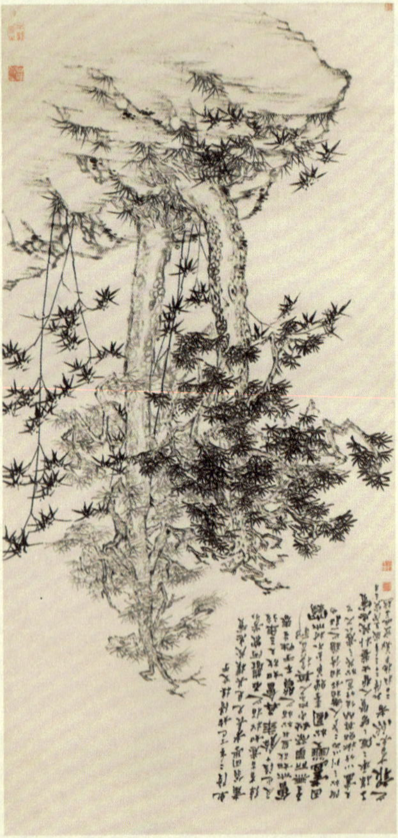

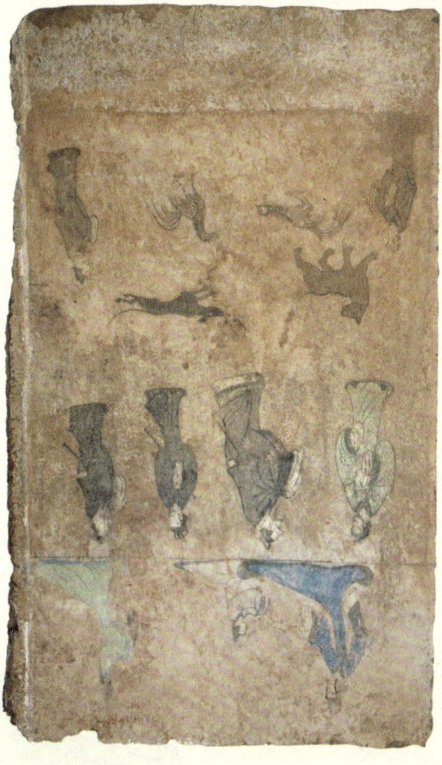

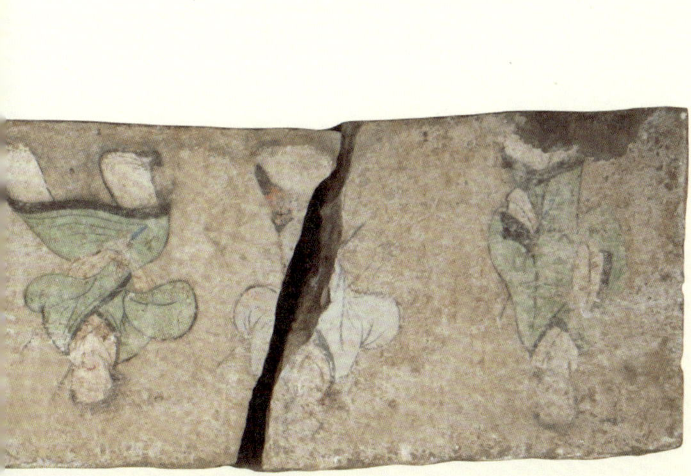

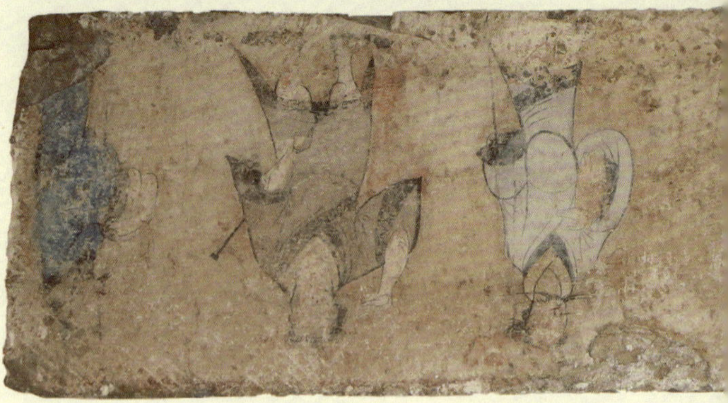

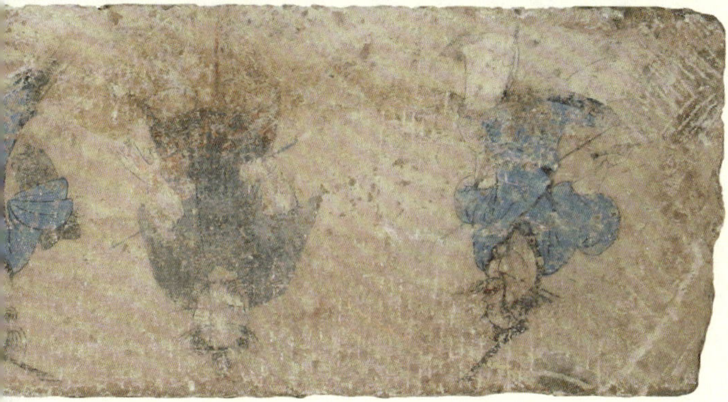

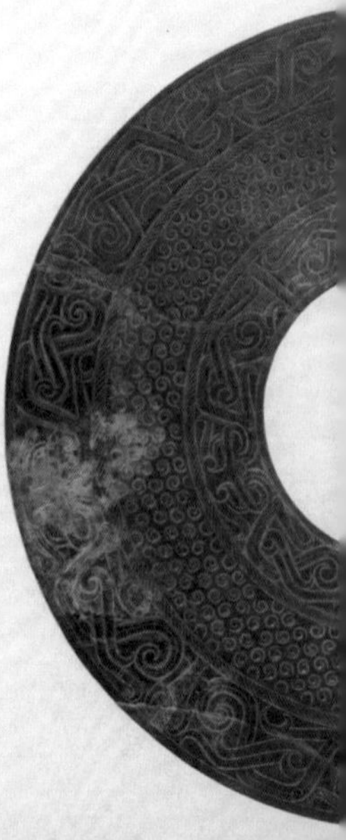

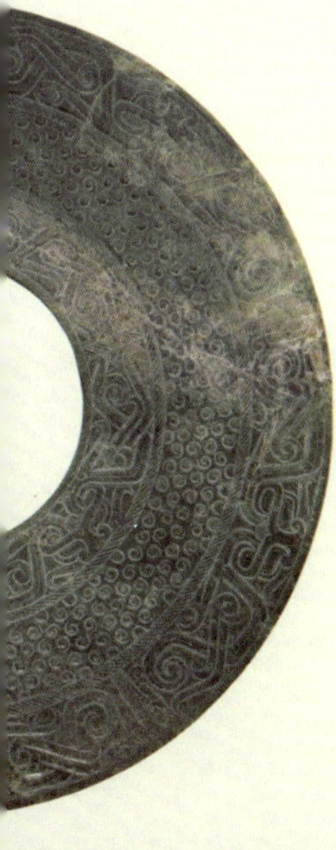

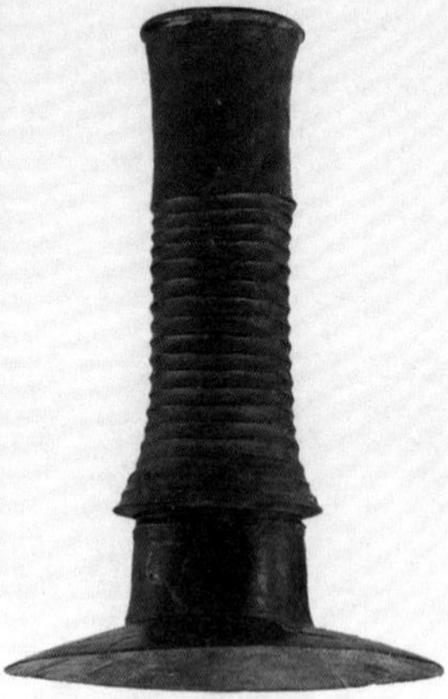

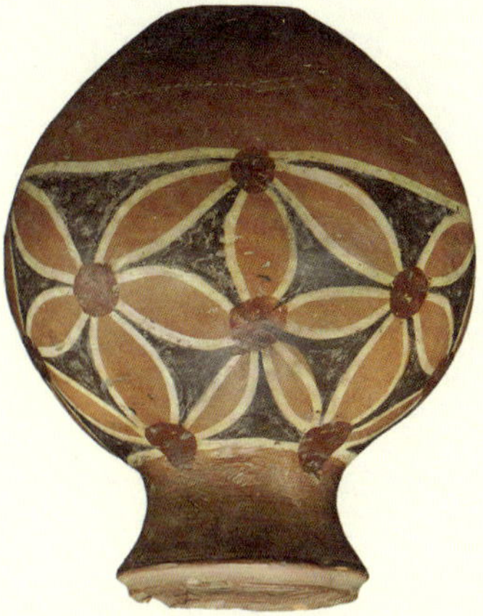

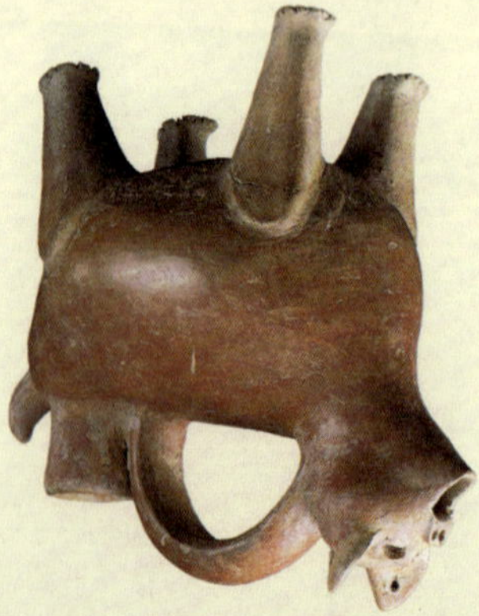

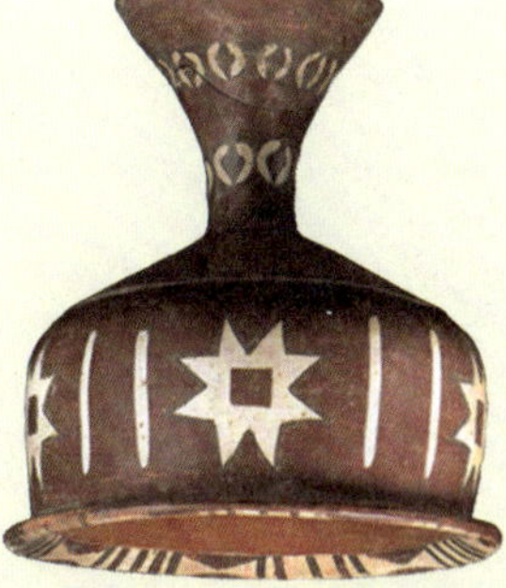

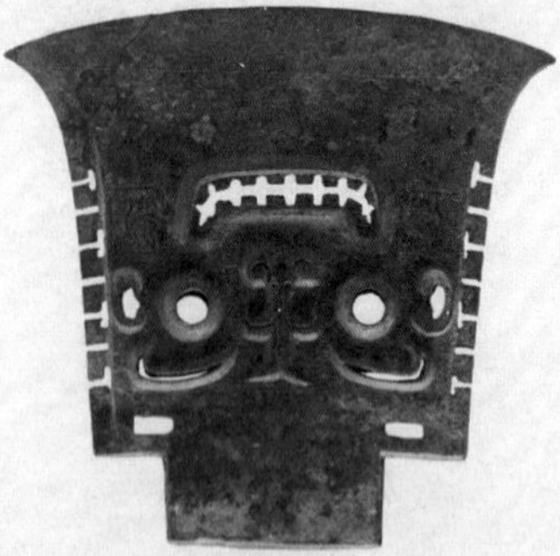

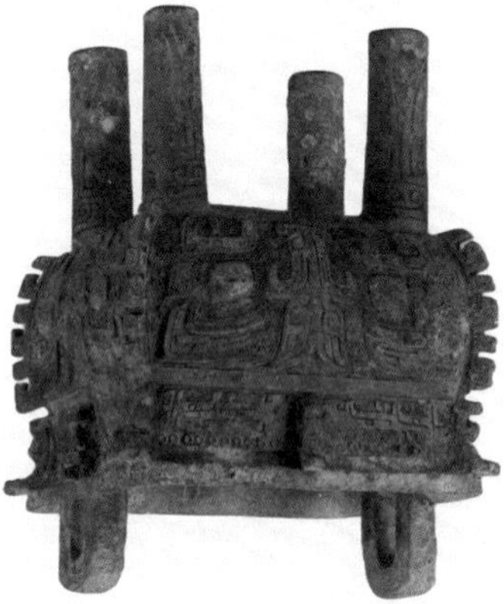

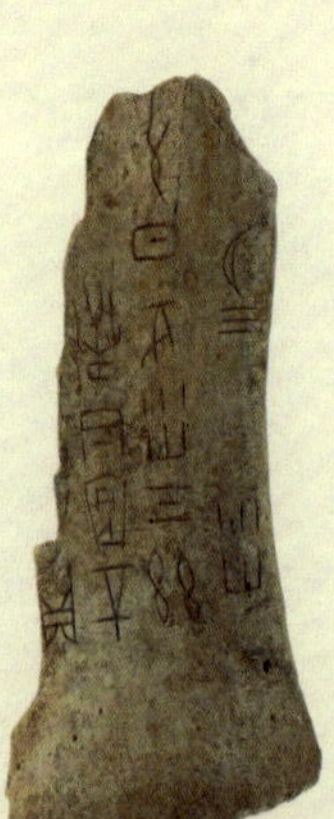

# 连年有余 陶争艳

## 三彩双鱼穿带瓶

唐代
通高24.4cm　口径4cm
山东潍坊青州出土

　　此瓶反映了晚唐制瓷工匠在设计上的造诣，是山东一带出土唐三彩中的精品。

　　瓶为小口，口上有盖，下承高圈足。双鱼相合成器身，鱼眼球凸出呈黑色，二鱼中间各有上下两个小翅，形象逼真，栩栩如生。通体施黄、绿、褐彩，造型新奇，烧制精美，寓意连年有余，吉祥合欢。

---

**小知识：唐三彩**

　　唐三彩是一种盛行于唐代的低温铅釉陶器，主要以白色黏土为胎，以含有铜、铁、钴、锰等元素的矿物做釉料，以炼铅熔渣或铅灰为助熔剂。色釉经过焙烧，呈现出浅黄、赭黄、深绿、浅绿、天蓝、褐红等多种色彩，但多以黄、褐、绿三色为主，俗称"唐三彩"。唐三彩因胎质松脆，防水性差，且由于含铅量高，多用作随葬的明器。

# 宋元明清

## 公元960—公元1911年

　　自宋迄清，随着开封和北京先后成为王朝都城，一向远离京师的山东地区成为近畿重地。大运河的凿通，又使山东成为南北贯通的咽喉要津。地处海、陆丝路的交汇节点，这里曾经帆影幢幢，驼铃声声。作为儒风浩荡的山左名邦，这里自古底蕴深厚，文脉绵长。居于沃野千里的黄河下游，这里向来河川并流，遗迹星列。

　　在近千年的王朝更迭中，这片沃土物产富庶，经济发达，文化昌盛，民风淳厚，多族融合，在中华文明史上占有重要地位。

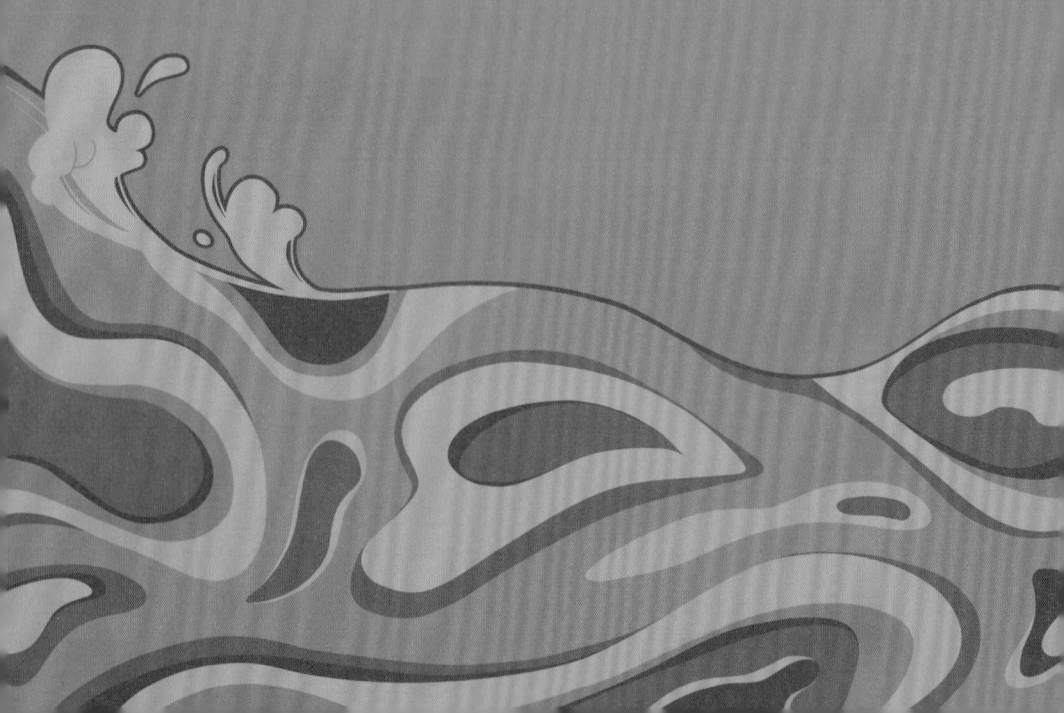

# 第一部分
# 东方藩屏

公元960年，北宋建立，定都开封，一直以山东地区为其东部屏障。公元1127年，金灭北宋后，旋即攻占山东，并设官治理。作为北宋的"国之东畿"和金朝的南北要冲，山东堪称当时的政治、经济、军事和文化重地。这一时期，"山东"被正式确定为行政区划名称，辖境与今天山东省的辖域已十分接近，对后世山东的发展影响甚大。

## 富甲四方

"齐鲁之富，甲于四方。"宋金时期，山东地区是王朝依恃的重要经济区。北宋农业经济得以复苏和发展，山东成为名副其实的"地腴赋羡"之地；纺织业进一步繁荣，宋朝在青州专设织锦院，负责织造军用布帛和官用名贵丝织物；制瓷业达到兴盛阶段，窑址分布多地，所产瓷器丰富多彩。

海岱日新

## 定窑白釉刻花鱼纹碗

宋代
高17.2cm 口径32.7cm

此碗通体施白釉，碗壁较薄，碗内壁暗刻一鱼悠游于水草间。外壁暗刻上下两层花瓣形装饰。碗形体巨大，器形规整，是定窑白釉刻花器的代表之一。

定窑，为宋代著名瓷窑，属宋五大名窑之一，继唐代邢窑白瓷之后兴起，是我国白瓷最负盛名也最具代表性的窑口之一，位于今日河北省保定市曲阳县，因该地区在唐宋时期属定州管辖，故名定窑。其创烧于唐，极盛于北宋及金，终结于元代，烧造历史长达600年，是中国北方白瓷的中心。

定窑瓷器因其釉色洁白和工艺精湛而闻名，从最初的民窑改为官窑。人们常以"白如玉，薄如纸，声如磬（qìng）"来盛赞定瓷之美。苏轼曾咏赞定州瓷："熔铅煮白石，作玉真自欺。琢削为酒杯，规摹定州瓷。"元代刘祁《归潜志》中曰："定州花瓷瓯，颜色天下白。"

### 定州瓷瓯天下白

## 兄弟窑火各千秋

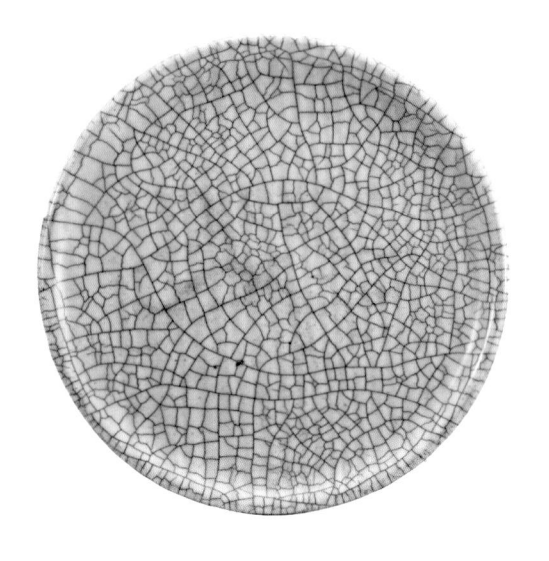

### 哥窑洗

宋代
口径15.5cm
胶东文管会移交

  此洗为敞口，弧壁较浅，圈足。黑褐色胎，灰青色釉，盘身满布纵横交织的不规则片纹。

  洗是一种古代的盥洗用具，它的形状类似于今天的洗脸盆。除了作为生活用具外，洗还有特定的文房用品用途，即用来蘸洗毛笔，叫做笔洗。

  哥窑胎多紫黑色、铁黑色，也有黄褐色，釉属无光釉，具有"酥油"般的光泽。哥窑最显著的特征是釉面间有大小不一的冰裂状开片网纹，其网纹之色浅黄者宛若金丝，细黑者如铁线，二者互相交织，被称为"金丝铁线"。这种纹路是在烧制过程中釉层的收缩和膨胀形成的，透露出别具一格的古朴与自然。

## 民族融合

宋金时期，政治的长期对立，未能阻挡文化的交流和传播。地处政权衔接之地的山东地区，有汉、女真、契丹等多个民族共同生活。各民族在长期的交流碰撞中，相互影响，共同发展，融合程度不断加深。

## 绿彩红唇若妆凝

**白釉加彩人物俑**

金代
男俑高30.5cm　女俑高28cm
山东济宁曲阜杨家院出土

男俑头戴黑冠，粉白色脸膛，红彩小口，蓄八字胡须，双眉微蹙若有所思。衣服红色为地，袖口、领口间用黑彩、绿彩小饰边襟，足蹬黑靴，立于底座之上。

女俑头梳黑色发髻，戴白色头饰，黑彩眉眼，红彩小口，双手捧粉盒于胸前。头饰与衣服边缘施黑彩、绿彩，下着白色长裙，施红彩。

## 第二部分
# 咽喉要津

元朝在地方实行行省制度,使"省"成为地方行政区名称沿用至今,影响深远。山东及河北、山西等邻近大都的地区由中书省直辖,谓之"腹里",即内地之意。大运河贯通后,山东地区作为南北咽喉通津的地位得以巩固,经济文化交流日益繁盛,民族融合有了新的发展。

### 天下腹心

元代山东"居天下腹心",地方政区有道、路、府、州、县之名,统辖关系较为复杂。路有直隶中书省者,也有隶于山东东西道宣慰司者。州有直隶中书省者,有隶于山东东西道宣慰司者,还有隶于路者。

### 至元二十九年益都路铜权

元代
高9.8cm
上海文物管理处拨交

铜权是度量衡器,即秤砣(tuó)。中统二年,元世祖下诏"颁斗斛(hú)权衡",推行标准的度量衡器具,标志元代正式建立了统一的度量衡制度。

路是元代的一级地方行政区划,隶属于中书省或行中书省,下辖府、州、县等,类似于现在的地级市,治所为今天

**铜权秤砣压千斤**

的山东省青州市。

该权为铜质，方棱镂空钮，六面六棱体，台阶状底座，权身两面铸"至元二十玖年""益都路总管府"铭文。

千户妇孺后方援

## "济宁路奥鲁印"铜印

**元代**
高6.6cm 边长8cm

印背刻汉字"济宁路奥鲁印，中书礼部造，至正廿（niàn）二年八月□日"。"奥鲁"一词是蒙古语的汉语音译，指古代蒙古人出征时留守后方或随军的家属、辎（zī）重的总称。依蒙古定制，男子充军出征，妇孺则按千户编制经营畜牧等，从事生产，以供应前方。留于蒙古本土者称为大奥鲁，成吉思汗西征时，即委其幼弟留守漠北，统管大奥鲁。更多的奥鲁则随军行动，由奥鲁赤（主管奥鲁的官员）管领。奥鲁官初设于军事系统，后由地方长官兼领。

## 生活画卷

元代山东社会发展，市镇经济繁荣，文化多元融合。少数民族内迁影响了当地的社会生活和文化习俗。济南陈家庄元墓、济南世侯张荣家族墓等数量可观的墓葬，以丰富的壁画内容和随葬品，形象地呈现了元代山东的生活面貌、地域文化和风俗习惯。

### 景德镇窑青白釉暗花玉壶春瓶

元代
高28.2cm　口径7.5cm　腹径15.2cm　足径10.2cm
山东济南陈家庄元墓出土

一抹青白润玉壶

此瓶小口，口沿外卷，细长颈，鼓腹呈椭圆形，圈足。白胎外施白釉，釉色白中泛青，釉下饰暗花。此瓶多承宋代制法，是元代玉壶春瓶的早期制品。

景德镇窑是中国传统窑炉之一，诞生于今江西省景德镇，故称景德镇窑。景德镇在唐代就以制瓷业闻名于世，景德镇窑系属于宋代六大窑系之一。其产品以青中泛白、白中闪青的"青白瓷"为最佳，声音清脆，有"假玉"的美称。

玉壶春瓶的造型是由唐代寺院里的净水瓶演变而来的，创烧于北宋，因宋人诗句"玉壶先春"而得名，原为一种实用酒器，后因其线条优美，逐渐像梅瓶一样演变成供陈设欣赏的摆件。

海岱日新

## 人文蔚兴

元代山东人文蔚兴。东平府学汇聚了众多饱学之士，是当时北方地区的学术中心，对元代政治和文化影响很大。元曲蓬勃发展，产生了高文秀、张养浩等代表性作家。科技方面，王祯以其《农书》与木活字印刷术在中国农学史和印刷史上占有重要地位。

### 白地黑花"一琴一鹤"长方形枕

元代
长34.3cm　宽16.9cm　高14.4cm

"一琴一鹤"的典故出自《宋史·赵抃传》："帝曰：'闻卿匹马入蜀，以一琴一鹤自随；为政简易，亦称是乎！'"

赵抃（1008—1084年），衢州西安（今浙江省衢州市）人，北宋景祐年进士，为官清廉，生活俭朴，据传他去蜀地赴任，随身携带的行李仅为一张古琴和一只白鹤。后来"一琴一鹤"成为一个著名的典故，被广为传颂。

在中国古代，常以琴鹤相随象征一个人清高、廉洁的品格。唐代有诗："夫君清且贫，琴鹤最相亲。"　五代有诗："闻君与琴鹤，终日在渔船。"　元代有诗："幽居琴鹤以怡情，童子何知预我清？"明代有诗："行矣无余物，随君有鹤琴。"……都以琴鹤为意象，隐喻自己的高洁品格和精神向往。

**匹马翩翩鹤琴来**

# 第三部分
# 山左名区

明清时期，山东因居太行山之左（东）故得名"山左"。这一时期，山东地区呈现出很强的生机和活力，人口迅速增加，工商业突飞猛进，学术思想不断革新，文学大家和文坛领袖持续涌现，经典作品频出，成为中国文化版图中极为引人注目的"山左名区"。

## 省司设置

明洪武元年（1368年）设置山东行中书省，治所在青州。九年（1376年）改置山东承宣布政使司，移治济南。布政使司以下设府（直隶州）、县（属州）两级地方行政机构。清代地方行政制度因明制而几经变更，乾隆年间始成定制，省以下设道、府（直隶州）、州县三级地方行政机构。明清时期，山东长期保持六府格局，俗称西三府（济南、东昌、兖州）与东三府（青州、莱州、登州）。

海岱日新

# 抗倭名将出蓬莱

**无款《戚继光画像》轴**

明代

纸本设色

画心纵160cm　横81cm　整幅纵240cm　横91.5cm

戚氏后裔戚云竹捐赠

　　明清两代的衣冠像，延续了古代人物画"成教化，助人伦"的基本社会功能，以家族中的祖先或显宦为描绘对象，褒扬美德大功。

　　由于功勋卓著，戚继光得赐蟒衣。蟒衣是饰以蟒纹的服装，这种绣有蟒纹的服饰属于恩赐服，只有蒙皇帝恩赐，才可穿用。画像中，戚继光正襟危坐，身着金蟒官服，头戴乌纱，脚着白底皂靴，胡须飘然，表情威严，令人肃然起敬。此像画法属工笔重彩，着意写真，对纪念和研究这位抗倭名将有重要参考价值。

　　戚继光（1528—1588年），字元敬，号南塘，晚号孟诸，登州（今山东蓬莱）人，明代抗倭名将，中国历史上杰出的军事家。他出身将门，创建了闻名遐迩的"戚家军"，在东南沿海屡败倭寇，又在北方抗击蒙古族内犯十余年。万历间以老病辞官，卒于家，谥号"武毅"。

# 青州之子震东方

**无款《邢玠（jiè）画像》轴**

明代

绢本设色

画心纵194cm　横128cm　整幅纵336cm　横139.5cm

山东潍坊青州（原益都）文化馆交

邢玠头戴乌纱帽，身穿大红色圆领蟒袍，腰束白玉革带，脚蹬皂靴。这套服装展现了明代最典型的设计风格，尤其是采用了云肩通袖膝襕（lán）式的布局。蟒袍上装饰着喜相逢过肩蟒、祥云、寿山福海等图案，左右袖襕内还装饰着行蟒，点缀着祥云、寿山、福海等元素，展现出对细节的极致追求。这样的服装不仅体现了时代的风貌，也突出了邢玠作为一位重要历史人物的身份和地位。

邢玠（1540—1612年），字搢（jìn）伯，一字式如，号昆田，益都（今山东青州）人，明朝后期名将。隆庆五年（1571）进士，授密云知县，官至兵部尚书，曾奉命抗倭援朝，力保东邻，威震东亚。

# 风竹萧萧疾苦声

## 郑燮《手批判词》册

清代
纸本
纵31.4cm 横15.8cm
接受捐赠

　　此册共19开，为1746—1753年间郑燮任山东潍县知县断案时所写的判词，经后人收集帖裱成册。判词字迹清晰，简洁明了，用笔流畅，纵逸豪放，是郑燮日常书法最真实的体现。册中诉讼公堂的案件多为争地立界、商贾争利、作奸犯科等。从判词内容不难看出郑燮为官清廉、是非明辨和体恤百姓的品质。

　　郑燮（1693—1766年），字克柔，号板桥，江苏兴化人，清代著名画家，"扬州八怪"之一，曾出任山东范县（今属河南）、潍县知县12年，被百姓称为爱民如子的父母官，因得罪豪绅而罢官，在扬州卖画维生。他曾题诗于竹图之上："衙斋卧听萧萧竹，疑是民间疾苦声。些小吾曹州县吏，一枝一叶总关情。"意为：在官邸听到风吹竹林的萧萧声，怀疑这是民间的疾苦声，百姓的疾苦和我们这些当小官的心情都是枝枝叶叶相连的。诗中饱含着深刻的爱民之情。

## 尊孔崇儒

自汉武帝"罢黜百家，独尊儒术"，尊孔崇儒成为历代王朝基本的文化政策。北宋至和二年（1055年），孔子第四十六代孙孔宗愿始以衍圣公封号袭爵，此后代代相承。明清两代不断扩建重修的曲阜"三孔"——孔庙、孔府、孔林，成为尊崇儒学、纪念儒家往圣先贤的圣地。

### 衍圣公朝服上衣、下裳

明代
上衣，身长116cm　腰宽62cm　两袖长249cm　袖宽73cm
下裳，身长91.4cm　腰围132cm
孔府旧藏

## 家藏衣冠若珍宝

山东博物馆收藏了一套现存最完整的明代朝服实物。朝服是等级地位较高的一类冠服，应用于比较隆重的礼仪场合。《明会典》载，凡大祀、庆成、正旦、冬至、圣节及颁降、开读、诏敕（zhào chì）、进表、传制时，官员穿朝服。

衍圣公是孔子嫡派后裔的世袭封号，据《曲阜县志》记载：明代，御赐衍圣公朝服、蟒袍、袍料、冠、靴、玉带、带绶（shòu）等物。同时记载，衍圣公府家藏元明衣冠，历代视若珍宝，珍藏于内库。

上衣、下裳质地为纱。交领、大襟右衽、大袖，领、襟、袖、摆处边缘为四寸宽的青纱边。下裳分为两大片，每片均由三幅织物拼缝而成，左右相向各打四褶；侧缘、底边缘缝以青纱。

云飞兽舞貌端庄

### 大红色四兽朝麒麟纹妆花纱女袍

明代
身长122cm　腰宽50cm　两袖长211.5cm　袖宽67cm
孔府旧藏

  山东博物馆收藏的这件女袍是衍圣公夫人的吉服袍，是明代女吉服的典型，为女子于时令节日、婚礼、寿诞、筵席等各种吉庆场合和部分礼仪活动中穿着的服装。其造型端庄，用料考究，工艺精湛，色彩明快，纹饰富丽，且保存完好，是研究明代吉服的稀有资料，具有极高的文物价值和艺术价值。

  此袍大红色，圆领，大襟右衽，宽袖，左右开衩，采用云肩袖襕（lán）膝襕的装饰手法，纱质，采用妆花工艺；以黄、蓝、绿、黑、白、红、片金等色彩绒丝，采用挖花技法织麒麟、豹、虎、獬豸（xiè zhì）、花卉、祥云、海水江崖等纹饰。主体纹饰是麒麟纹，在中国传统中，麒麟纹是次于蟒、飞鱼、斗牛的高等级纹样，通常装饰在赐服和吉服上，具有祈祷子嗣繁盛的吉祥寓意和祛邪、避灾、祈福的文化内涵。

160　山东博物馆

## 牙雕笏（hù）板

明代
长54.2cm
孔府旧藏

此笏板为象牙质，上方圆顶，刻有云花，并刻正楷三行二十五字，文曰："天启四年八月初三日，皇上幸学，钦赐六十五代袭封衍圣公孔。"刻文中的"天启"，是明熹宗朱由校的年号。"皇上幸学"，即熹宗朱由校到太学孔庙祭祀先师孔子。"六十五代袭封衍圣公"，即指孔胤植。

笏也叫手板，是古代臣属朝见君长时所执的狭长形板子，古人没有发明纸张之前，笏相当于便签用以记事备忘，后来演变成礼仪化的实用物。笏板通常采用玉石、象牙、竹木等材料制成。明代一品至五品用象笏，六品至九品用槐木笏。而到了清代，品官执笏制度就被废止了。

孔子后裔，尤其是嫡系后裔，在整个中国封建社会中，多被授予官职。孔胤植是孔子第六十五代孙，这件笏板便是他曾使用过的孔氏传世文物。

## 孔家后裔持象笏

## 文脉绵延

明清山东人文持续昌盛，教育蓬勃发展，科举中式人数在全国名列前茅。地方望族长盛不衰，家族文化底蕴深厚。张尔岐等经学大师的出现，为学术界注入了新的活力。王士禛、孔尚任、蒲松龄等文坛名宿，在诗文、戏曲、小说创作方面取得了重大成就。邢侗、高凤翰、郑燮、刘墉等书画名家，留下了丰厚而珍贵的艺术遗产。各领域众多杰出人物，共同绘就了山东文化的多彩画卷。

### 赵孟頫（fǔ）《雪赋》卷（局部）

元代
纸本
画心纵22.5cm　横192.9cm　整幅纵31cm　横568cm

此卷是元代大德二年（1298年）冬至日赵孟頫为班惟志所书，书迹微有残损，有周密、文徵明、顾璘等人题跋，先后经元代班惟志、明代源伯、清代李蔚和现代周伯鼎收藏，后由周氏捐赠给山东博物馆，20世纪70年代由上海博物馆文物修复部揭裱，并经谢稚柳先生鉴定和题跋。

赵孟頫（1254—1322年），字子昂，号松雪道人，又号水晶宫道人、鸥波，吴兴（今浙江省湖州市）人，是宋太祖赵匡胤十一世孙。赵孟頫自幼聪慧，在书法和绘画上的成就极高。

**宋人血脉元人冠**

# 红烛高照醉桃李

## 崔子忠《春夜宴桃李园图》轴

明代
绢本设色
纵120cm 横46cm

  这幅"春夜宴桃李园图"是根据李白的《春夜宴桃李园序》内容所绘的。李白束发免冠，持杯而坐；一友已有醉意；另一友高坐，背靠扶手，回首若有所嘱。其后两侍女，各持酒器，作备酒状。石案红烛高照，一侍女高举手臂欲剪烛花。画中几人衣纹用笔流畅，在细劲屈曲、柔中有刚的基础上增加提按的变化，多小角度方折，更具古拙笔趣。李白与友人褒衣博带、豪情万丈；侍女纤细柔腻、轻灵俊逸。此作笔墨圆劲酣畅，强劲中不失柔美。

  崔子忠（约1594—1644年），初名丹，字开予，后更名子忠，字道母，号北海，又号青蚓，原籍北海（山东省莱阳市），后移居顺天（即北京），曾师从董其昌，是明末杰出的画家，李自成攻克北京后，绝食而死。崔子忠擅绘人物，其作取法高古，题材多表现传说与历史故事。

## 青州三绝冯竹冠

**冯起震《墨竹图》轴**

明代
纸本墨笔
纵316cm　横97cm

冯起震画竹,多为巨幅大作。此画轴打开,一股山野凉爽之气扑面而来。画中三株修竹扶摇直上,仿佛在比赛谁长得更高,好像要把画面撑破似的。不过,它们竹根虽被顽石遮掩,看起来似乎还是同气连枝。画面两旁那几株新篁(huáng)高的、低的、粗的、细的,各种各样,虽不如修竹那般窈窕,却展现出了嫩竹旺盛的生命力。画面右上方空白处题款"北海冯起震"。青州古属北海郡,故冯起震绘画作品款识经常以"北海"起头。

冯起震(1553—1644年),字青方,明末画家,益都(今山东青州)人。万历年间贡生,一生隐居在家,以教授学生为业,尤善画竹。他所画之竹,笔墨挥洒,狂放不羁,并自成一格,素有"冯竹"之称誉,居青州三绝之冠。

## 诗文书画伴平生

### 邢侗《行书杜甫诗》轴

明代
纸本
纵158cm 横50cm

邢侗（1551—1612年），字子愿，号知吾，自号啖面生、方山道民，晚号来禽济源山主、世尊称来禽夫子。明代临邑（今山东德州临邑）人，晚明四大书法家之一。

邢侗生于书香门第，7岁能作擘窠（bò kē）书，13岁读遍家中藏书，18岁拔贡，20岁中举，24岁考取三甲第182名，赐同进士出身，25岁当知县，年轻有为而进入仕途，35岁辞官回乡。他的一生，无论是读书、为官还是闲居家中，始终与诗、文、书、画相伴，尤其以书法造诣精深，时有"北邢南董"之称，又有邢、张（瑞图）、米（万钟）、董（其昌）之誉。

他的书法初为大字，杂学诸家书体，临"二王"等大家，后融会贯通，形成独特的个人风格。其作品多幅传世，除了被山东博物馆收藏，还被上海博物馆、吉林省博物院等博物馆收藏。

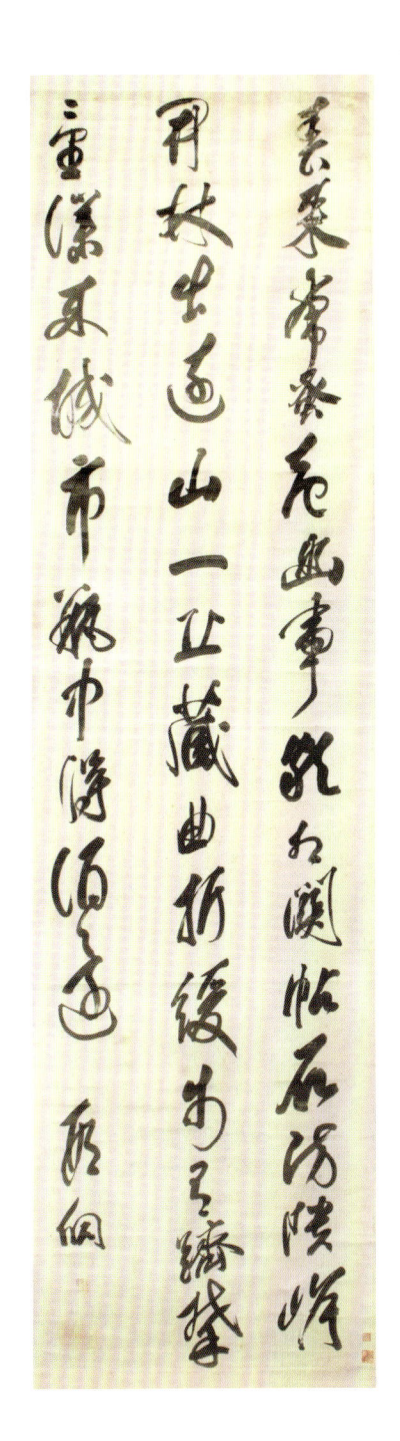

## 张应召绘《黄培画像》轴

明代

绢本设色

纵177cm 横50cm

鸾带皂靴锦衣装

图绘黄培头戴乌纱帽，身穿大红色过肩蟒纹曳撒（yè sā），腰束鸾带，足蹬皂靴，是锦衣卫官员标准服制。

张应召，字用之，胶州（今山东胶州）人，生卒年不详。艺术活动约在万历、崇祯年间。善墨竹，法苏轼、文同，并工山水、人物，亦工写真。

黄培（1604—1669年），字孟坚，号封岳，山东即墨人。明代兵部尚书黄嘉善嫡孙。崇祯年间任锦衣卫指挥佥事，历官都指挥使，例授金吾将军。

---

**小知识：曳撒**

曳撒是一种古代的戎装，起源可以追溯到蒙古族，原为蒙古族的军服，后来在元朝时期成为内廷大宴时的官服。明朝时期，曳撒不仅能在外廷中穿着，还与汉服融合，开创了其他形式，如飞鱼服等。曳撒的衣长一般过膝或小腿，其制后襟不断，两旁有摆，前襟两截，行动便捷，锦衣卫特定活动和出行都服曳撒。

## 浓墨宰相自成家

**刘墉《节临颜真卿送刘太冲序帖》轴**

清代
纸本
纵162cm 横67cm

  刘墉才华横溢、涉猎颇广，尤其是书法造诣非常深厚。此作虽为意临作品，却不受古人牢笼，丰腴肥厚中藏遒媚之趣，平淡舒缓外露雍容之相，超然独出，自成一家。其用墨厚重，体丰骨劲，圆润婉转的字体，看似柔软无骨，实际上却是将劲道隐藏于丰厚的外貌中。他被世人戏称为"浓墨宰相"，是乾隆朝四大书法家之一。

  刘墉（1719—1805年），字崇如，号石庵，另有青原、香岩、东武、日观峰道人等字号，山东诸城人。他以奉公守法、清正廉洁闻名于世，是清代乾隆时期政治家、书法家。

# 墨笔松竹赠老友

**郑燮《双松图》轴**

清乾隆二十三年（1758年）
纸本墨笔
纵201cm　横101cm

　　山东博物馆十大镇馆之宝之一。
　　这幅作品是郑燮中进士第一年送给老友肃翁的作品。此图赋予双松朴茂的人格，借以抒发情怀。题记云："乾隆二年丁巳（sì），始得接交于肃翁同学老长兄，见其朴茂忠实，绰有古意，如松柏之在岩阿，众芳不及也。后十余年再会，如故。又三年复会，亦如故。岂非松柏之质本于性生，春夏无所争荣，秋冬亦不见其摇落耶！因画《双松图》奉赠。弟至不材，亦窃附松之列，以为二老人者相好相倚，藉之一证也。又画小竹衬贴其间，作竹苞松茂之意，以见公子孙承承绳绳，皆贤人哲士，盖朴茂忠实之报有必然者。乾隆二十三年岁在戊寅，三月二日，板桥弟郑燮画并题。"题记夹叙夹议，内寓哲理，堪称文笔明达的小品文。

## 禹之鼎绘《渔洋山人幽篁（huáng）坐啸图》卷

清代
绢本设色
纵36.5cm　横77cm

此图是禹之鼎按王士禛的要求，以唐代大诗人王维诗句"独坐幽篁里，弹琴复长啸；深林人不知，明月来相照"的意境创作的。禹之鼎擅长写真，所描绘的王士禛身着汉服，坐于铺有裘皮的磐石上，眉清目秀，长发朱唇，横琴未弹，若有所思。

禹之鼎（1647—1716年），字尚吉，一作上吉或尚基，号慎斋，江苏江都（今江苏扬州）人，一作江苏兴化人，是清代康熙年间著名画家，擅长人物，尤以肖像著称，曾誉满京师，"一时名人小像皆出其手"。他从传统中广泛汲取营养，宗法名家，融会贯通，肖像画技法逐步达到炉火纯青的境界。

王士禛（1634—1711年），字子真，一字贻上，号阮亭，又号渔洋山人，世称王渔洋，山东新城（今山东淄博市桓台县）人，清初诗人、文学家、诗词理论家。

独坐幽篁明月照

## 高凤翰《折枝花卉图》卷

清代
纸本墨笔
纵32.5cm　横172.5cm

　　高凤翰的花卉山水作品朴拙有生趣，艺术造诣极深，为世人所推重。

　　高凤翰（1683—1748年），字西园，号南阜，胶州（今山东胶州）人，清代著名书画家。他于雍正五年（1727年）任徽州绩溪知县，去官后流寓扬州，工书法、擅篆刻、好诗文，山水花卉无一不精，有嗜砚之癖，著有《南阜诗钞》《砚史》等。

　　高凤翰55岁时右手病废，但他毅力惊人，改用左手书画篆刻，更号"尚左生"，印"丁巳（sì）残人"。其左手书法在明清两朝数百年间，尚无人能与之媲美。

　　他在扬州期间，与"扬州八怪"郑板桥、汪士慎、李方膺、边寿民等十分投契，并经常与他们交流技艺。原本就具备深厚传统书画功力的高凤翰，受到扬州画派的影响，笔恣意纵，不拘成法，创出自己独有的风格。

　　高凤翰在诗文方面亦负盛名，颇为王渔洋赏识，受渔洋遗命，被许为私淑门人。如他的《章草书》全诗："不抱云山骨，哪成金石心。自然奇节士，落墨见高襟。"

画中十哲尚左生

## 高凤翰雪浪金星砚

清代
砚长22.5cm　宽13.3cm　厚5.3cm

　　高凤翰不仅擅书工画，还收藏了许多印石与砚。他的治印技艺纯熟，苍古之风扑面。他嗜砚成癖，喜欢刻砚留铭。他的诗、书、画、印被人称为"四绝"。

　　这方砚石为黑色淄石砚，砚石重且坚，砚面平而光亮，砚体散落金星点点。砚两侧刻有题铭，一侧为高凤翰亲手雕凿，竖刻"雪浪金星"隶体大字，下刻行体小字三行："笔山世老先生属／识于青箱馆／世小弟高凤翰。"另一侧为咸丰三年（1853年）王仲英与周文泉相别赠砚时所镌，刻行体小字四行："淄川之石郁林之意东海袖中春风问字／周文泉夫子由城武令调繁莅掖多善政归无长物／因出家藏旧砚藉以重舟即以志别时在癸丑／嘉平月吉受业王仲英谨书。"

**身无长物赠旧砚**

# 第四部分
# 舟楫往来

京杭大运河肇始于春秋末年，经过千余年不断开凿延伸，到隋代形成了一条贯连南北五大水系的运输大通道。元明清时期，经过截弯取直和疏浚整修，大运河纵贯山东643千米，占其总长的三分之一。大运河承南启北，连通四方，极大促进了沿线地区的发展。因运河而兴的台儿庄、济宁、聊城、临清、德州等一批商业城镇，呈现出一派空前繁盛的景象。

## 截弯取直

元代自至元二十年（1283年）起，耗时十年，先后凿通济州河与会通河，将大运河截弯取直，使航道缩短近千公里。纵贯山东西部的大运河，成为本地区重要的航运通道。

**大元新开会通河记事碑拓片**
原碑至元二十六年（1289年）立
纵373cm　横124cm
原拓济宁市博物馆藏

大河开凿贯南北

此碑位于山东省济宁市梁山县梁山镇前码头村北侧，为至元二十六年所立。该碑系龙头龟座，碑头现已和碑身分离埋于地下，碑身大部被淤泥所埋，只有上部0.60米暴露在外。碑头高1.50米，宽1.24米，厚0.42米，碑身通高2.68米，碑文26行，满行71字。

　　此碑文系翰林院直学士承直郎杨文郁撰文，少中大夫礼部尚书张孔孙书丹，奉政大夫兵部郎中李处巽撰额。碑文详细记载了会通河的开凿始末，以及会通河管理机构、闸坝的营建等重要信息，为研究元代会通河的开凿与管理提供了珍贵的资料。

## 漕粮运输

　　大运河自元代贯通后，在南粮北运中发挥了重要作用。明清运河沿线的重要城镇均设有征收、运输、存储漕粮的机构，临清、德州两地就设有国家级粮仓。漕运对维持国家政治、经济、军事的正常运转具有重大意义。

**梁山漕船**

明代

长2120cm　宽344cm　高140cm

山东济宁梁山西北宋金河支流内出土

　　大运河的主要功能是政府组织转运粮食和物品，以满足国家正常的行政开支和皇室消费，这就是通常意义上的漕运。

　　这艘明代漕船船体由杉木制成，船身呈柳叶形，有舱13间，舱门方形，各舱相通；其中第10、第11舱为居住舱，其他舱均为货舱，主要装载粮草货物等。船舱内遗留有各种兵器、马具、货币以及生活用具等。明代运河漕船有军运和民运两

### 军民舟楫穿梭忙

海岱日新　173

类，此船出土物多兵器、马具和军用工具等，因此应为明代军运漕船。

根据船中发现的铁锚上"洪武五年"铭文，铜铳（chòng）上"杭州护卫教师……洪武十年月日造"等字样以及"洪武通宝"铜钱，可以推测此船是明代洪武初年制造的。其形体巨大，保存完好，实属国内外罕见。

## 因运而兴

山东运河两岸的台儿庄、济宁、聊城、临清、德州等城镇因运河而兴，因运河而盛。它们是漕粮转运、物资调配的重要基地，是国家经济命脉的重要节点。这些沿河城镇，商贾云集，百业兴旺，南北腔调混杂，风俗互融，形成了独特的运河文化。

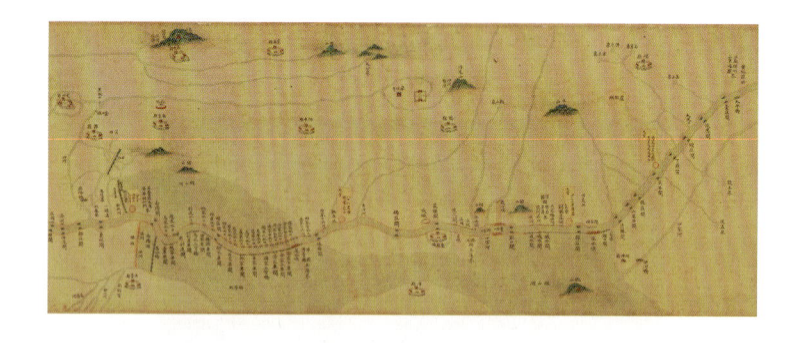

# 齐鲁之地绘青黄

**《山东运河图》卷**

清代
纸本彩绘
纵31cm 横265cm

该图从右向左展开，卷首起自黄林庄，卷尾止于柘（zhè）园镇。全图用形象画法表现咸丰五年（1855年）黄河改道之前山东境内京杭大运河沿岸的自然景观和人文要素；堤防用土黄色表现，船闸、减水闸、滚水坝、涵洞、斗门、桥梁用青蓝色表示，城池用淡青色勾画立面形象，记录了运河山东段的真实面貌。

# 第五部分
# 大河流长

　　黄河，古称"河"，发源于青海省巴颜喀拉山北麓。今天的黄河流经九省区，在山东省东营市注入渤海，干流全长5464千米。九曲黄河，奔腾不息，哺育着中华民族，孕育了中华文明。地处黄河下游的山东，在黄河文化的滋养下，成为中华文明的重要发祥地之一，诞生了深厚博大、特色鲜明的齐鲁文化。

**小知识**

**河道变迁**

　　大约距今100万年的中更新世晚期阶段，黄河便已进入豫、冀、鲁一带，但至先秦时期，黄河在下游仍呈漫流甚至倒灌逆流的状态。史籍中记载的黄河第一次大的改道在周定王五年（前602年），此后，黄河下游共决溢1500多次，改道26次。它曾向北自静海（今属天津）东流，也曾向南夺淮河入海，无论东流、北流，还是南流，大多数时期都流经山东。

**治河方略**

　　"黄河宁，天下平。"黄河流域是我国重要的生态屏障，是连接青藏高原、黄土高原、华北平原的生态廊道。历史上，黄河下游河道曾以"善淤、善决、善徙"闻名于世。山东人民为克服水患，同黄河进行了长期斗争。针对河患情况分别采取堵塞决口、修筑堤防、开挖引河、疏浚河道、治黄保运等方法治河。

海岱日新

# 当得济世一河图

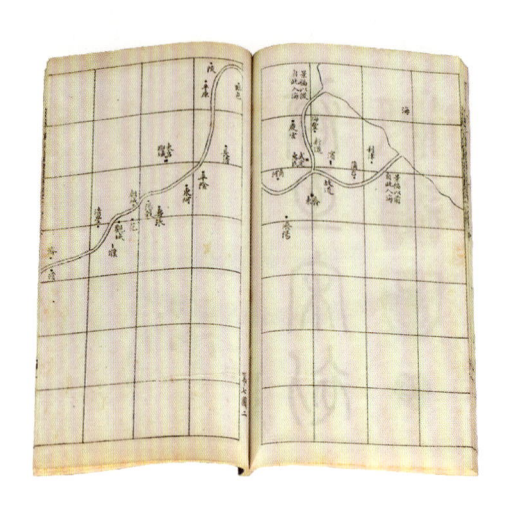

## 《历代黄河变迁图考》

清宣统　刘鹗撰
纵24.5cm　横16cm
山东省文管会移交

　　光绪十四年（1888年）至二十一年（1895年），刘鹗先后入河南巡抚吴大澂、山东巡抚张曜幕府，帮办治黄工程，成绩显著。

　　光绪十六年（1890年），吴大澂、倪文蔚测绘冀、鲁、豫三省黄河图集时，刘鹗参与其中，博采诸家考述，撰为此书。此书以河道绘图为主，附以解说，对黄河古今水道演变和决口改道等情况有所考证。

　　刘鹗（1857—1909年），字铁云，号老残，丹徒（今江苏镇江）人，清末著名小说家，署名"鸿都百炼生"。他46岁撰写了小说《老残游记》，出版了我国第一部著录甲骨文的著作《铁云藏龟》。

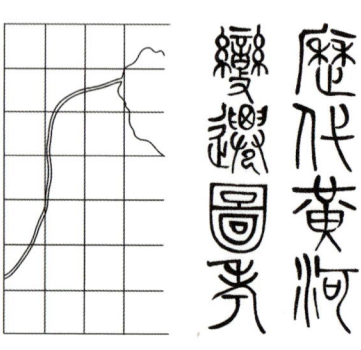

历代黄河变迁图考

# 大道之行
## ——山东近现代历史文化

19世纪中叶以来,随着西方列强的不断入侵和封建统治的专制腐败,中国民族危机和社会危机空前加剧。救国寻路、民族复兴成为近代中国的政治主题。在中西文明的剧烈碰撞和融合中,山东由封闭走向开放,山东人民在民族屈辱和历史沉沦中奋起抗争、不懈探索。从以工求强、自主开埠到思想变革、辛亥声浪,齐鲁大地发生了时代性嬗变和现代化转型,在全国民主革命运动中产生了重要影响。

大道之行,行有大道。英勇果敢的齐鲁儿女在中国共产党的领导下,从内忧外患中觉醒、在民族危亡中团结,为实现民族独立和人民解放、国家富强和人民幸福,做出了重要历史贡献。齐鲁文化的凛然风骨和浩然正气,回荡在红色热土唱响的不朽史诗中,孕育在"党群同心、军民情深、水乳交融、生死与共"铸就的沂蒙精神里,激扬在奠基立业、改革创新、建设中国式现代化强省的新征程上!

# 第一部分
# 时代嬗变

鸦片战争后，西方列强对山东开始了军事侵略、经济掠夺和文化殖民。在中西文明冲突交融中，山东以工求强、拓荒破冰，在领风气之先的赶追探索中，推动了经济社会转型、思想变革和民族意识的觉醒。为拯救民族危亡，山东人民奋起反抗，仁人志士奔走呐喊，苦苦探索，却诸路不通，时代呼唤着真正能够带领中华民族实现伟大复兴使命的承担者。

## 天涯何处是神州

19世纪中期后，西方列强的军事侵略逐步加深了山东的半殖民地化，山东经济被迫纳入了与国际贸易扩展相联系的资本主义世界市场。借助列强势力西方传教士大批涌入山东，利用传教布道、开办学堂、兴办慈善事业等方式进行宗教、文化渗透。

## 七星宝剑

清末
长108.5cm　宽11cm
山东省人民委员会拨交

**壮怀激烈殉他乡**

　　此剑为1894年中日甲午战争中壮烈殉国的清军将领左宝贵的遗物。

　　宝剑的剑柄、剑鞘（qiào）为木制，剑柄首、剑护手、鞘口、上箍、中箍、下箍和鞘尾包铜；柄首、鞘口、鞘尾在鲛皮地刻缠枝花纹，其他部位鲛皮脱落；剑柄中间铸有五瓣手花；剑护手铸有双角兽面纹；剑身有剑脊，剑刃锋利。

　　左宝贵（1837—1894年），字冠廷，回族，山东费县（今山东平邑）人，清末著名民族英雄，甲午战争"三英"之一，也是甲午战争中壮烈殉国的第一位清军高级将领。

　　1856年，左宝贵携两个弟弟应募从军，编入江南军营，开始戎马生涯。他随清兵转战大江南北，屡立战功，记名提督，成为清廷高级军官。

　　1894年，中日甲午战争爆发，清政府调集左宝贵等五路大军增援朝鲜，奋起反击日本侵略者。9月15日，在平壤保卫战最激烈的对日作战中，左宝贵壮烈牺牲。左宝贵牺牲后，清光绪皇帝亲作祭文痛悼，清廷诰令"从优加赠太子太保衔"，谥号"忠壮公"，授"骑都尉兼一云骑尉"等封号，将其英雄事迹交付国史馆立传。

海岱日新　179

## 第二部分
# 光耀齐鲁

　　延续数千年的齐鲁文化在艰难转型之后，融入红色文化基因，进入新民主主义文化的新阶段。山东是中国最早创立共产党组织的六个地区之一。从波涛汹涌的工运洪流到云水激荡的农民暴动，从人民战争的汪洋大海到改天换地的奠基伟业，山东党政军民以高度的历史自觉、深厚的家国情怀和坚定的使命担当，共同铸就了伟大的沂蒙精神。光耀齐鲁，山东有了不同于以往的历史新生。

## 红色文化 时代归旨

　　在近代以来中国社会矛盾的内在驱动下，在中国人民和中华民族的伟大觉醒中，在马克思列宁主义同中国工人运动的紧密结合中，红色文化的创造主体中国共产党应时应运而生。济南共产党早期组织成立和发展，为灾难深重的齐鲁大地带来了黎明曙光。山东工人运动犹如滚滚洪流，在全国产生了重要影响。

### 《晨钟报》报头印模

1925年
长13.4cm　宽5.8cm　厚2.1cm
汝仲文捐赠

　　《晨钟报》是1923年由王尽美协同爱国进步人士汝仲文创办。

　　这块印模为木质，是《晨钟报》印报头时所用，为魏碑繁体。王翔千任主笔，

## 以笔为旗 晨钟响

王尽美曾任主要编辑。他们利用《晨钟报》这一思想阵地，发表了大量揭露时局黑暗、鼓舞青年奋斗、倡导民主人权的进步文章，竭力进行反帝反封建的宣传。

王尽美（1898—1925年），出生于山东诸城枳沟镇大北杏村，是山东党组织创始人和早期领导人。五四运动后不久，李大钊等在北京大学红楼建立了北方第一个共产主义小组，发起成立马克思学说研究会，创建了北京共产党早期组织。王尽美被发展为外埠通讯会员。

1922年5月，王尽美等正式建立济南地方党组织——中共济南独立组，并担任组长。七月底，建立中共济南地方支部，隶属中共中央，王尽美任书记。1925年8月，王尽美病逝于青岛。他是为革命捐躯最年轻的党的一大代表，时年27岁。

## 十年磨砺 浴火涅槃

国民大革命失败后，在残酷的斗争和血的教训中，山东共产党人前仆后继、百折不挠，掀起土地革命的风暴。农民暴动英勇悲壮，工人运动此起彼伏。在20世纪30年代不断加深的民族危机下，山东农村经济日益破产、工商业艰难发展，爱国进步人士进一步思考探索中国的发展道路，左翼文化也在现实主义道路上高歌前进。

### 周恩来辗转相送刘谦初的毛毯

1930年

1929年，刘谦初因叛徒出卖被捕入狱，周恩来托人购买了这张毛毯，并设法送入狱中。

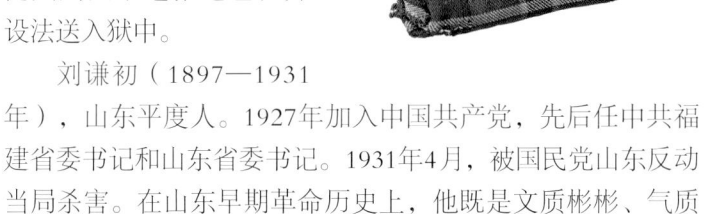

刘谦初（1897—1931年），山东平度人。1927年加入中国共产党，先后任中共福建省委书记和山东省委书记。1931年4月，被国民党山东反动当局杀害。在山东早期革命历史上，他既是文质彬彬、气质斐然的东莱书生、燕大才子、岭南先生，又是戎装在身、踏

## 我欲我身济天下

海岱日新 181

遍青山的讨袁战士、北伐先锋、工农领袖。在他短短34年的灿烂青春里，他将"我欲我身济天下，我以我血荐中华"的决然壮志，砥砺践行了亘古不灭的初心信仰、正道之光。

## 团结抗战 执行模范

山东是中国受日本军国主义侵略最早最深的地区之一。在20世纪波澜壮阔的世界反法西斯战争中，3800万齐鲁儿女在中国共产党的领导和影响下万众一心，浴血奋战，为全国抗战胜利做出了重要贡献。新民主主义新山东蓬勃兴起。以民族主义和爱国主义为核心的、人民大众反帝反封建的新民主主义文化深入发展。

### 北海银行冀鲁边支行湖景五角石钞版

1942年
长66.3cm　宽50.5cm　厚5.2cm
山东省文管会征集

**北海钞版穿枪林**

这是抗战时期北海银行冀鲁边印钞厂所使用的钞版，见证了北海银行冀鲁边支行的光辉历史。

1941年夏，山东分局指示建立北海银行冀鲁边支行，成立印钞厂发行带有"冀鲁边"字样的北海币，为全区的本位币，是根据地流通时间最长、使用地区最广、使用人口最多的货币。

北海银行后与华北银行、西北农民银行合并组建中国人民银行。

北海银行使中国共产党领导的山东抗日武装获得了广泛的群众基础和坚实的物质保障，对山东抗日根据地的巩固与发展，做出了巨大贡献。

此钞版为石灰岩质，面呈浅褐色，质地细密。钞版正面共印有15张钱币，分为6排，每排2张钱币，其左侧印有1列3张钱币。当时，为了印制此钞，印钞厂工人要冒着日寇疯狂扫荡的风险，到敌占区制作票版，每块钞版都来之不易，此钞版能保存至今更是难上加难。

## 沂蒙精神

"党群同心、军民情深、水乳交融、生死与共",诞生于沂蒙老区、发展于齐鲁大地,从民族苦难中、从战火纷飞中、从艰苦奋斗中一路走来的沂蒙精神,是党和国家宝贵的精神财富,是中国共产党人精神谱系的重要组成部分,更是齐鲁文化与民族精神铸就的历史丰碑。

### 军民相依鱼水情

**"人民靠山"锦旗**

解放战争时期
长162cm　宽69cm
原济南军区移交

这面锦旗是解放战争时期渤海军区驻德州时,德州总工会赠给军区的感谢锦旗。八路军渤海军区是1944年1月由冀鲁边军区和清河军区合并而成的。1947年冬至1948年春,解放区出现严重灾荒,渤海军区积极采取以生产为主、结合救灾,以群众自救和社会互济为主、辅之政府协助的方针,根据实际情况按照自愿合理原则组织劳动互助组,发放救灾粮款,实行以工代赈。党政军干部帮助群众恢复生产,战胜灾荒,农业生产得到恢复发展,同时提高了党在人民群众中的威信。

解放战争时期国民党军队对山东解放区发动重点进攻,渤海区作为当时山东唯一未被敌人占领的地区,成为山东乃至华东战场的大后方和物资供应基地。

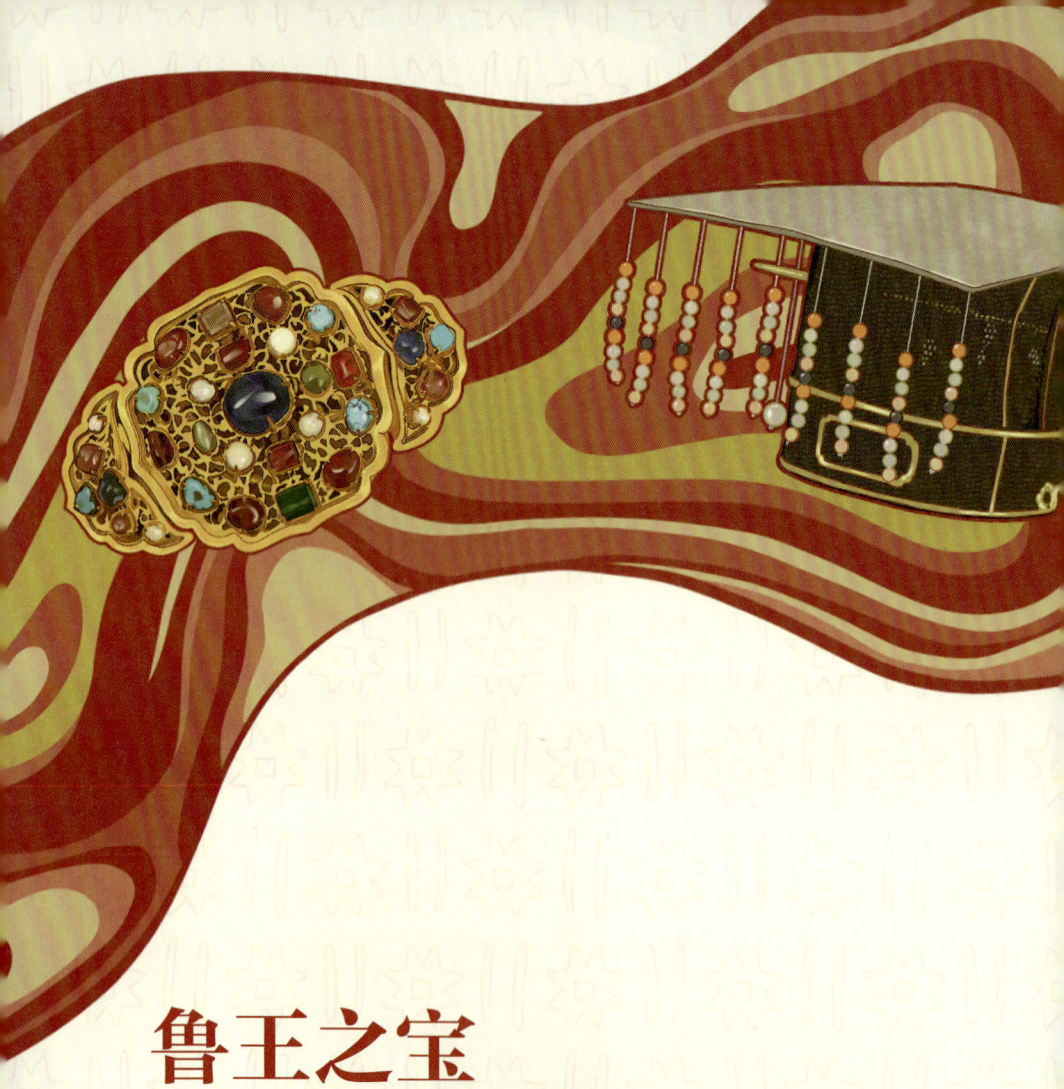

# 鲁王之宝
## ——鲁荒王珍藏

"鲁王之宝——鲁荒王珍藏"展出的是明朝第一代鲁王朱檀墓中的出土文物。明朝开国皇帝朱元璋（zhāng）为了巩固江山统治，将23个皇子分封到各地为藩王，朱檀是他的第十子，封为鲁王。

朱檀于明洪武三年（1370年）出生，15岁就藩兖州，从此兖州即升州为府，辖4州23县。朱檀自幼好诗书礼仪，礼贤下士，博学多识，甚得朱元璋喜爱，19岁服丹药毒发伤目而亡，谥号"荒"。1970年至1971年，由

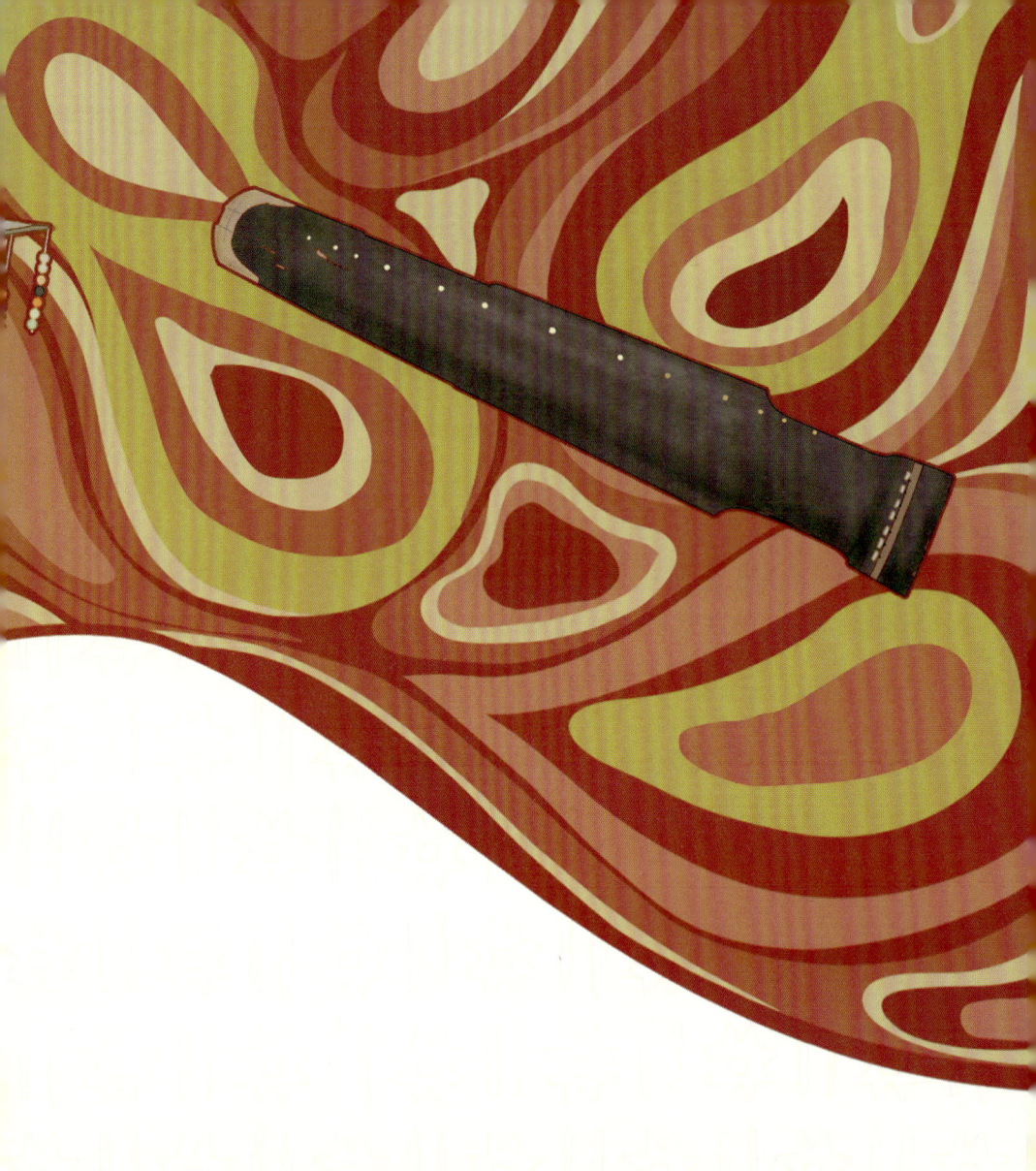

山东省博物馆（今山东博物馆）主持，考古人员对位于现山东省邹城市与曲阜市交界处九龙山南麓的鲁荒王陵进行了考古发掘，出土了大量珍贵文物，如冕冠佩饰、家具服装、笔墨纸砚、琴棋书画、彩绘木俑等等。这些文物既是鲁王朱檀王府生活的真实缩影，又反映了明朝时期高超的工艺制作水平，而且填史补缺，对于研究明初社会的政治、经济、文化等具有非常重要的史料价值。

# 第一部分
# 王事礼仪

中国的冕服制度始于殷商，至周代日臻完善。在中国古代帝王、诸侯及卿大夫举行祭祀、朝仪等大典时都要着冕服，历代沿袭，源远流长，直到明末。这一制度虽屡有更改、演变，但都有各自的严格规定，皆为最高礼仪。《明史·舆服志》中规定：亲王助祭、谒庙、朝贺、受册、纳妃服衮（gǔn）冕。这时的朱檀就要穿着王事礼仪中规定的冕服穿戴：头戴九旒（liú）冕，身着衮服，腰系玉带、挂玉佩，手持玉圭（guī），行大礼。

---

**小知识：明鲁荒王墓园**

明鲁荒王墓园位于邹城市中心店镇尚寨村北、九龙山南麓的第一座山峰上。墓园坐北朝南，由外城、御桥、内城、鲁荒王墓和鲁荒王妃戈氏墓等部分组成。鲁荒王墓方向与墓园一致，平面呈"甲"字形，由封土、墓道、金刚墙、墓室几部分组成。墓内共出土器物1116件（套），按用途分为冠带佩饰、家具漆器、生活用品、文房用具、琴棋书画、明器等六大类。明鲁荒王墓园为研究明代前期诸王陵墓的建筑格局、形式、规制等提供了完整的实例。

# 金册金宝授亲王

## "鲁王之宝"木印

明洪武
高7.4cm
座长10.5cm 宽10cm 高2.8cm
山东济宁邹城明鲁王朱檀墓出土

　　此印为木质贴金，龟钮，系有红色绶带，印面刻"鲁王之宝"四字阳文篆书。

　　明朝开国皇帝朱元璋（zhāng）为巩固统治，定封建诸王之制，将23个皇子先后分封到各地。先后有6位宗室亲王分藩在山东，其中齐王、汉王、泾王只历经一世就消亡了，而鲁王、德王、衡王则一直世袭至明朝灭亡。

　　按明代分封制，皇子封为亲王，授以金册金宝，岁禄万石（dàn）。册，相当于证书；宝，就是印章。明制规定"亲王之宝其宝用金"，金印要流传鲁王子孙。作为随葬品的木质贴金"鲁王之宝"是替代金宝的象征品。朱檀虽然是短命的亲王，但自其始封至末代鲁王朱以海离世，传十世十三王，与别的亲王相比，享国时间之长是罕见的。

鲁王之宝　187

## 白玉圭（guī）／墨玉圭／戗（qiāng）金云龙纹朱漆木匣

明洪武

长25.4cm　宽6.2cm　厚1.35cm

长29.6cm　宽6cm　厚1cm

长36cm　宽11cm　高7cm

山东济宁邹城明鲁王朱檀墓出土

皇家之礼手中持

　　这对玉圭形制规整，上端突起成钝角形，边缘折角平直，表面磨制光亮，厚薄均匀，玉质莹润，出土时各盛于一戗金云龙纹朱漆木匣内。

　　玉圭是古代重要的礼器，在祭祀和朝觐礼见时持于手中，是身份地位的象征，是礼仪场合中不可或缺的。在《明史·舆服志》中记载，玉圭是皇帝、太子、亲王和郡王冠冕服中的礼器之一。

　　墓中出土的两件木匣，形制相同，分别盛放白玉圭和墨玉圭。匣为长方形，抽拉式盖，内外髹（xiū）朱漆。盖面和匣体两侧饰戗金云龙纹，龙为行龙，线条流畅，并配有如意云纹，犹如金龙在云间遨游，围绕在金龙身旁的如意云纹、卷云纹，毫无走刀的滞留痕迹，与细若游丝的龙鳞相映。

　　戗金漆器是指在单色漆器表面，采用针或刀镂刻出纤细线槽，并在线槽中贴以金箔，再细加研磨，从而形成金线纹饰。戗金漆器流行于宋代，象征着皇家的威严与地位，元末明初把漆器戗金工艺推向又一高潮。

188　山东博物馆

## 描金云龙纹青玉佩

明洪武
山东济宁邹城明鲁王朱檀墓出土

描金云龙纹青玉佩最上为玉钩，下面的就是玉珩（héng），第二排中间的是瑀（yǔ）、两侧是琚（jū），第三排是玉花，第四排中间的是冲牙、两侧是玉滴、最外侧的是玉璜（huáng）。

《明史·舆服志》规定：太子大佩"上玉钩二。玉佩二，各用玉珩一、瑀一、琚一、冲牙一、璜二；瑀下垂玉花一、玉滴二。琢云龙纹，描金。自珩而下，系组五，贯以玉珠。"在明代，亲王冕服与太子同，该玉佩与《明史·舆服志》中的记述基本一致。

这种玉佩不仅美观，还有实用功能。使用时，将其悬挂在佩戴者腰间两侧的革带上，用来节步。佩戴的人脚步移动，佩件就会相互碰撞发出声响，从声音可以判断佩戴者走路的行为是否恰当。

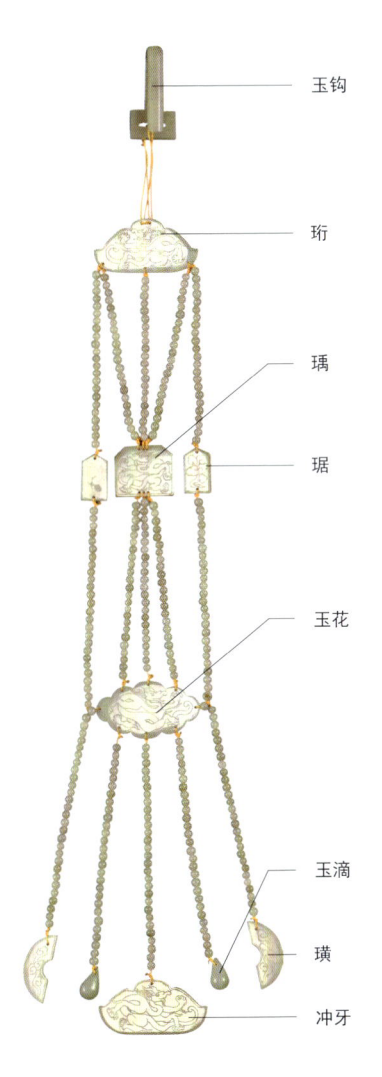

步履有节玉轻响

- 玉钩
- 珩
- 瑀
- 琚
- 玉花
- 玉滴
- 璜
- 冲牙

鲁王之宝

## 九旒（liú）冕

明洪武
高18cm　长49.4cm　宽23.5cm
冠径18.5cm
山东济宁邹城明鲁王朱檀墓出土

**冠冕有制辨身份**

　　山东博物馆十大镇馆之宝之一。

　　九旒冕是目前我国唯一存世的明初冕冠实物，填补了历史文物的空缺，具有极高的历史和艺术价值，是研究我国明代服饰、礼制极为珍贵的实物资料。

　　冕一般由冠武、綖（yán）板、旒、充耳等几大部分组成。鲁王朱檀的这件九旒冕冠胎用细竹丝编制，綖板的表面裹有黑漆纱；板前后各垂九旒，旒贯赤、白、青、黄、黑五色玉石珠，每旒穿九珠，现存共计152枚旒珠。板下有玉衡，衡两端有系绳孔，下各悬一充耳，充耳为青玉圆珠。冠镶金圈、金边，两侧有梅花金穿，贯一金簪，簪长31厘米，一端锐，一端钝，钝端呈方形。

　　在中国古代冕冠制度中，旒的多寡是辨别身份高低的一大标志，明代规定皇帝冕为十二旒，太子与亲王冕为九旒。前后系垂旒，两边以丝绳"紞（dǎn）"悬玉石"充耳"，寓意帝王不听谗言，非礼勿听，有所闻，有所不闻。冕冠中的每个饰件，都蕴含着中国传统文化中的宇宙观和道德观，有深刻的含义。

天子朝冠自周始

### 九缝皮弁（biàn）

明洪武

高20.5cm　口径17.8cm　横宽31cm

山东济宁邹城明鲁王朱檀墓出土

  这件鲁王朱檀的九缝皮弁是目前现存唯一的明代初亲王的皮弁实物，是研究明代皇家冠服制度的珍贵文物。

  在华夏衣冠体系中，首服是重要的服饰之一，弁即首服中的重要一种。从周代开始，皮弁主要为天子、诸侯的朝服，故又称"朝冠"，是仅次于冕冠的礼冠。

  皮弁一般在巡牲、朝贺、诸侯上朝时穿用，本由多块白鹿皮缝制而成，历经两千多年的传承发展，明代时，皮弁冠的形制已发生很大变化，材质已由早期使用的鹿皮改用漆纱代替，但仍作为礼服使用。明朝规定皮弁是皇室专属冠服。

  这件皮弁是用细竹丝编结成六边形网格状胎，外覆乌纱，现已脱落殆尽。前后各有九缝，缝中压金线，金线上各缀赤、白、青、黄、黑五彩玉珠9颗，共应为162颗，现存158颗（其一残），材质有珊瑚、玉、玛瑙等。弁前后各钉一倭角长方形金饰框（金池），金池上部有一周竹丝包金的额圈。弁两侧上部各有一花形金纽，贯金簪以固定发髻。

鲁王之宝　191

## 百家巾角百官帽

### 乌纱折上巾

明洪武
高20.5cm  长19.8cm  横宽15.5cm
山东济宁邹城明鲁王朱檀墓出土

乌纱折上巾，是古人的一种冠饰，因左右两帽翅向上折于帽后而得名，是由幞（fú）头演变发展而来的。

幞头是由裹头的巾帛发展而来的，前身是东汉时系带的软巾。北周武帝时进一步改革，裁出脚，后幞发，故俗称"幞头"，改进后的幞头四角皆成带状，由于头巾折角向上系结于顶，所以又名"折上巾"。到了隋唐，为了追求造型的美观，幞头之内被加上硬质衬冠。晚唐时巾角也转换成帽翅，同时改用硬挺的漆纱当做面料，发展成了前低后高的硬壳乌纱帽。到宋代，幞头的形式更是多种多样，帽翅出现了交脚、朝天、展脚等样式，明代则沿袭宋代的风格。

明朝以前，乌纱帽原本是古代最为普遍常戴的一种帽子，天子百官士庶皆可戴之。朱元璋（zhāng）登基后规定：凡文武百官凡常朝视事，一律要戴乌纱折上巾，乌纱折上巾遂成为明代皇帝、太子、亲王和朝廷官吏的常服冠，成了"官帽"的标志，最终演变成"官位"的象征。

朱檀墓中共出土两件乌纱折上巾，形制相同，冠有前屋和后山两部分，前低后高，边沿皆衬铁丝。后山前倾，冠后底部有翅管，内插铁丝弯成的折角两翅，翅作圆形。两件乌纱折上巾皆内外髹（xiū）黑漆，一件为乌纱材质，另一件为竹篾编制，春秋时节可戴乌纱制的，夏季时为了凉爽透风可戴竹篾制的。

## 妆金云肩盘龙纹通袖龙襕（lán）缎辫线袍

明洪武
袍长125cm　通袖长218cm
山东济宁邹城明鲁王朱檀墓出土

　　鲁王朱檀的这件妆金云肩盘龙纹通袖龙襕缎辫线袍是迄今为止在全国范围内发现的保存较完整的明初亲王龙袍，堪称国宝。

　　这件龙袍为交领、窄袖、右衽、上衣下裳式。下裳在腰处有细缝折裥（jiǎn）。前后及两肩织由多个云头纹饰组成的柿蒂窠（kē），柿蒂窠内前胸、后背和两肩两两相对，各织一条升龙，周饰云纹，呈骄龙在祥云中戏火珠。两接袖各饰云龙纹袖襕一道。

　　左袖为莲花、白盖、法轮、盘长；右袖为法螺、金鱼、宝伞、宝罐，组成八吉祥纹。在上衣围绕腰腹部有三组九周平行的像辫子一样的褶皱纹路，称为辫线。辫线形成上紧下松、上衣下裳的衣袍样式，利于保暖收腰，便于骑射。下裳前后膝盖处各织有与袖上同样的纹饰，称为膝襕。

　　袍服纹饰皆采用织金工艺，其主要特点是使用金属线，纹饰纬线皆采用捻金线，以创造出具有光泽感和贵气的效果。

金丝纬线织祥纹

鲁王之宝

排方

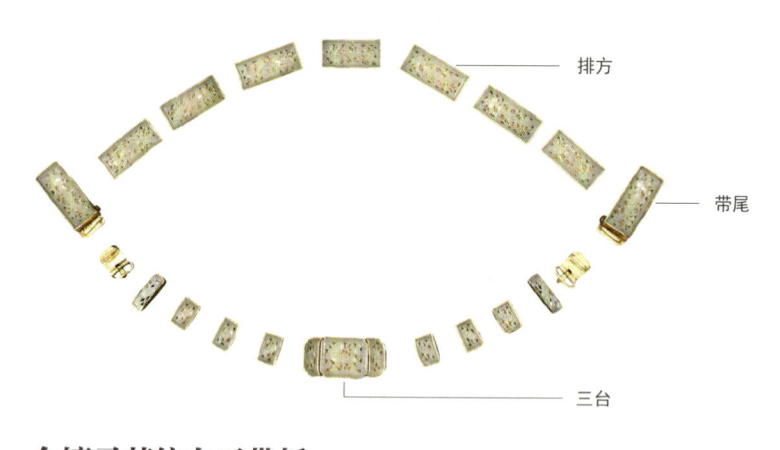

带尾

三台

## 金玉灵芝腰间系

### 金镶灵芝纹白玉带板

明洪武

"三台"中心方1件，横4.3cm　纵3.7cm　厚0.5cm
排方7件，横5.6～6.2cm　纵2.8～2.9cm　厚0.6cm
带尾2件，横7.5cm　纵2.8cm　厚1cm
山东济宁邹城明鲁王朱檀墓出土

　　玉带是系于官袍外一种身份地位的象征。玉带一般由带扣、玉銙（kuǎ）、铊（chá）尾组成。带扣用于连接两块带头，使其能够扣在一起，起固定玉带的作用。玉銙，即嵌钉在革带上的方形或椭圆形玉板，位于革带的首尾两端，起装饰和标识身份的作用。铊尾位于革带的末端，最初是为了保护革带，但随着时间的推移，逐渐成为装饰性物件。

　　这件玉带板出土时金玉饰件保存完好，未见有带。玉带銙皆透雕灵芝纹，外包镶金片，在背面四角或两端凿有孔，并穿有铁丝可缀于带上。

　　玉带板为双扣式笏（hù）头带，玉带銙共20件。玉带前面正中方形玉板与左右组成三台，两侧各排三块长方形小排方，次为辅弼和带尾，后面是七块长方形玉板排方。"三台"中心方玉板上以铁丝钉缀金质插销座，座为方形，开心形孔，其两侧弧形玉板上钉缀金质插簧，系带时将簧插入插销座内，簧自动弹开，即可卡住。解开时用手从插销座心形孔内将簧片压下即可推出。左右有调节腰带松紧的金带扣。两侧金带扣分别连接后面的腰带，前面两侧腰带通过金带扣，穿过穿带环，从带尾穿出。

194　山东博物馆

龙袍春花映星辰

## 镶宝石金带饰

明洪武

长19.5cm　宽10cm

山东济宁邹城明鲁王朱檀墓出土

　　这件镶宝石金带饰可拆分为四个部分，带饰整体呈如意云头状，中间主件为如意形，左右两侧的云头，一个固定在主件一端，不可拆卸，另一个为活扣式，可拆装。

　　带饰为上下夹层式，主件两层为镂空串枝花卉；两侧活件上层为镂空串枝花卉，下层为金板。带饰边缘錾（zàn）刻线纹，上层镂空花卉正中镶嵌大蓝宝石1颗，四周分嵌大珍珠4颗，小珍珠4颗，红宝石12颗，猫眼石2颗，祖母绿1颗，绿松石6颗，小蓝宝石2颗，镐（gǎo）纹玛瑙1颗，共镶嵌宝石33颗。

　　整件带饰在众多宝石的映衬下，犹如一朵盛开的春花，光彩闪耀，雍容华贵，是明初镶嵌工艺的经典杰作。

鲁王之宝

## 戗（qiāng）金云龙纹朱漆盝（lù）顶木箱

明洪武
高60.2cm 长宽58.5cm
山东济宁邹城明鲁王朱檀墓出土

　　鲁王朱檀墓的戗金云龙纹朱漆盝顶木箱，戗金纹饰遒劲有力，金色光灿夺目，代表了元、明之际戗金漆器的高超水平，堪称为国宝级文物，具有极高的文物价值和艺术价值。

　　此木箱为近方体，箱面髹（xiū）朱漆，戗金为纹。箱内分三层，上置朱漆木盒，扣盝顶箱盖，盒下有一隔板，下有一可从箱体侧边拉出的抽屉。木箱上层放置着九旒（liú）冕和九缝皮弁（biàn）。

　　箱的顶部及四个侧面均饰团龙纹和忍冬纹，龙体矫健，长喙利爪，细鳞卷尾，在祥云间升腾，做工极为奢华。箱口前面中部挂错金云龙纹铁锁，箱口左右两侧中部各安一个错金云纹把手，箱口后面安装了两个连接箱盖的错金铁环。

朱漆金纹藏龙衣

196　山东博物馆

## 第二部分
# 生活起居

朱元璋（zhāng）建明以后，参照汉晋等前朝分封之制，将其儿子们先后分封各地为王，分藩就国，并在其封地建王府、设官吏，公侯大臣都要俯首拜伏，地位极为尊贵。明朝特别规定无诏不许随便回京或出城，所以王府是朱檀的主要生活圈。

居住在朱门王府里的鲁王朱檀，头戴乌纱帽、身穿黄缎袍、腰系袍带，处理事务，迎宾纳客，会见前来拜谒的官员乡绅，以酒会友，观舞听歌，吟诗赋词……过着锦衣玉食、富足雍容的生活。

## 弱冠年华弃冠冕

### 金器

明洪武
直径3.1～3.3cm　穿边长0.5～0.6cm
山东济宁邹城明鲁王朱檀墓出土

　　鲁王朱檀墓出土了一些小金器，有生活用品，也有袍服上的装饰品，这些金器玲珑精致，小巧可爱。其中，有19枚"洪武通宝"金币，出土时这19枚金币压在鲁王朱檀身下，这个数字隐喻了朱檀19岁短暂的一生，令人惋惜。

### 朱漆木架子罗汉床

明洪武
床，高18.8cm　身长33.8cm　宽12.8cm
床架，高34cm　底长38.3cm　宽19.5cm
山东济宁邹城明鲁王朱檀墓出土

　　鲁王墓中出土了一套完整的家具明器，品种和样式丰富多彩，既有木质的摆放于房间的桌、凳、架子罗汉床、衣箱、方几、屏风、衣架、巾架，也有生活中常用的盆、桶、盘、碗及饲养用的禽舍、贮（zhù）粮的仓房，还有竹质的箱、篓、筐，铜质的盆、盘、釜（fǔ）灶等。这些模型小巧玲珑，造型比例协调，是元末明初真实的家具、生活用具的微缩品，既是鲁王朱檀生活用品的微观写照，也是为了满足他长生不老、逝后永享人间富贵的祈望，对研究我国家具发展史，特别是早期明式家具提供了重要的实物资料。

在这些家具模型中最引人注目的就是朱漆木架子罗汉床。中国古代家具中卧具主要有四种形式，罗汉床和架子床便是其中两种。罗汉床的一个主要特点是三面有围子，也就是竖起的像屏风一样的木板。架子床的四角通常有立柱，与床顶的横杆组成框架结构，外形就像一间小屋子，很有私密感。而朱漆木架子罗汉床形制独特，既与罗汉床相似，又与架子床相近。床体左、右、后三面为整板围子，板上用木条装饰栏格，前面装饰须弥座式牙板，床前有长条式须弥座脚踏，上铺卧具。罗汉床体属明代五围屏罗汉床形制。按照明代尺寸比例复原后，床体宽大，主要用途是睡卧，与明代架子床的功能一致。

# 人间富贵祈永享

# 半桌对饮诉轻声

## 石面心朱漆木长方桌

**明洪武**
桌长110cm　宽71.5cm　高94cm
山东济宁邹城明鲁王朱檀墓出土

　　鲁王朱檀的这张木桌是典型的明早期半桌家具的代表,"半桌"是指桌子长度等于八仙桌之长,宽度约为八仙桌的一半或多半,这种桌子多用于饮酒用膳,所以桌面四周都有拦水线。在明代,宴饮往往主客两人共用一桌,宾客多时,则每人各用一桌,所以这种半桌需求量大,非常流行。

　　桌子装饰透花透雕卷云纹的牙头、牙条,属于实用又简约的"案形结体"形制。作为明初家具的标准器,榫卯结构严谨,线条刚柔相济,装饰典雅华美,技艺手法娴熟,更重要的意义在于这张半桌是实用器。

　　著名家具收藏鉴定专家王世襄先生曾说:"如果是一件传世品,很可能将它的时代定为明晚期,想不到会早到十四世纪末。"可见其经典之处。

## 青白釉云龙纹梅瓶／青白釉云龙纹盖罐

明洪武

瓶，高29.6cm　口径4cm　底径9.7cm

罐，高37.6cm　口径25.6cm　底径22cm

山东济宁邹城明鲁王朱檀墓出土

鲁王墓出土了多件精美瓷器，如梅瓶、盖罐和盘，皆为清新淡雅的青白釉云龙纹瓷器，应是当时鲁王府中盛酒宴宾的器具，均出自洪武年间的景德镇官窑。

梅瓶，胎体厚重，内施全釉，外壁釉到底，刻有云龙纹、卷草纹，底面露胎。

盖罐，圆唇，直口，短颈，圆鼓腹，平底，矮圈足，盖呈倒荷叶形，脉络清晰，宝珠钮。罐腹部釉下刻划云龙纹，双龙在云中昂首遨游追逐，上下间隔处以卷草纹为饰。

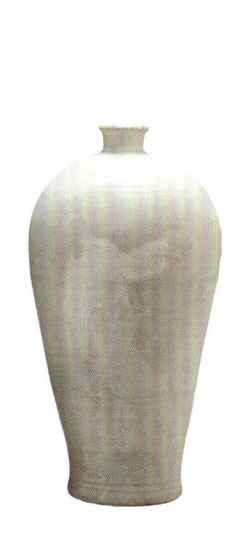

云中双龙共遨游

# 第三部分
# 文房珍宝

在中华民族传统的文化艺术宝库中，琴棋书画、笔墨纸砚伴随着传统主流文化的发展，与文人雅士的关系十分密切，为文人、士大夫所钟爱，成为文房中的高雅之品和必备之物。尤其是琴棋书画如同一条经脉，贯穿于源远流长的中国传统文化之中。这四种不同的艺术虽各有千秋，但又紧密相联，成为我国传统文化中高雅文化和文人雅士博才多艺的象征，折射出我国传统文化的博大精深，散发着迷人的光彩。

鲁王朱檀居孔孟之乡，深受礼仪之邦文化的熏陶，喜爱诗书礼乐，与笔墨纸砚、琴棋书画相伴，颂诗读书、对弈弹琴。从其墓中出土的"天风海涛"琴、宋元书画等珍品中，可见鲁王朱檀的文人气质与高雅品位。

温婉剔透出水莲

## 白玉花形杯

明代

高3.5cm　通长10.2cm　口径7.35cm

山东济宁邹城明鲁王朱檀墓出土

这件白玉花形杯玉质洁白温润，应是一件玉洗。

玉花杯杯体为和田白玉，采用圆雕与镂雕相结合的手法，将杯子雕刻成一朵怒放的花形，五瓣相连，边缘叠压，内底中心浮雕五瓣风车形小花为蕊。杯柄和杯托镂雕成曼妙相连的玉枝玉叶，叶脉舒展，纹络清晰可见，将花杯衬托得更加典雅优美，为我国古代玉笔洗之佳品。

文房第五纸上镇

**水晶鹿镇纸**

明洪武

长10cm 宽4.7cm 高6.2cm

山东济宁邹城明鲁王朱檀墓出土

此镇纸以整块水晶琢成，质地纯净莹澈，造型为一只昂头伸颈的小鹿。小鹿四肢蜷曲、弓背伏卧，半睁细长的双眼，双耳紧贴在脑后，一副温驯可人的样子；然而细看时，分明又保留着几分特有的警觉和机敏。制作者不仅准确把握了动物的躯体结构，而且熟悉它的习性特征，用料及雕琢工艺均属上乘，是明朝初年的稀世之珍。

> **小知识：镇纸**
> 镇纸又称压尺，是文房常备用具之一，又被称为"文房第五宝"。镇纸多呈长方形，以玉、石、金属等分量沉重的材料制成。有的朴素简洁，重于实用；有的材精形美，意在欣赏。

# 滴滴融入大山河

## 水晶独角兽砚滴

明洪武

长10.1cm　宽5.9cm　高5.2cm

山东济宁邹城明鲁王朱檀墓出土

此砚滴为独角兽造型。在中国古代文化中，独角兽象征着王权和权力，仅君主才有资格拥有它。鲁王朱檀地位显赫，权势非凡，因此他能够使用象征着王者尊严的独角兽器皿不足为奇。这件器皿无疑彰显了他的统治地位和权力。

砚滴，又称水滴、书滴，是一种源远流长的传统文房器物，用于贮（zhù）存砚水以供磨墨之用。砚滴的出现与古代笔墨的使用以及书画艺术的兴起密切相关。据考证，最迟在东晋时期，人们已经开始使用各种形状的水盂，并在使用过程中发现，直接往砚台中倒水时往往难以控制水量，因此便产生了一种便于掌控水量的器物，砚滴应运而生。

彩墨朱色青玉研

**青玉砚**

明洪武
须弥座，长16.3cm　宽9.9cm　高4.2cm
玉砚，长14cm　宽7.8cm
山东济宁邹城明鲁王朱檀墓出土

　　砚的历史十分久远，最早可追溯至新石器时代，早期的"砚"也称作"研"，由生活中用的研磨器发展而来。汉代以后，砚台的材质丰富起来，石砚、瓦砚、瓷砚、玉砚、金属砚、漆砂砚……品类多样，异彩纷呈。
　　玉砚适于研彩墨，主要用于研朱砂，其悠久的历史可上溯到殷商时期。中国自古以来便认为玉贵于石，然而尽管玉砚质地细腻、紧密，不伤笔毫，但滑而不发墨，观赏把玩的意义大于实用。
　　明鲁王朱檀墓中的这方砚由青玉琢成，砚呈长方形，首尾呈弧形并有一椭圆状砚池；下有木雕莲瓣纹贴金须弥座；砚的四角有穿鼻，用铁丝固定在木座上，体现了明代早期造型简朴、不事雕琢的制砚风格。

## 天风海涛黑漆木琴

唐代
长119.5cm　宽19.5cm　高7.9cm
山东济宁邹城明鲁王朱檀墓出土

　　古琴最迟在南北朝晚期定型为后世通用的形式，到唐代已经达到相当高的制作水平。古琴由琴面、琴底、琴首、琴轸（zhěn）、琴腹、琴徽、雁足等部分组成。琴一般长三尺六寸五，象征一年365天，一说象征周天365度；13徽，象征一年12月及闰月；宽六寸，象征六和。

　　鲁王朱檀的这张天风海涛黑漆木琴，属仲尼式琴。桐木制成，琴身髹（xiū）黑漆，纹如蛇蚹（fù），底为梓木；琴七弦已缺失，仅存调弦用的七个玉制的玉轸；13徽由金片镶嵌而成；琴底二雁足为玉雕仰莲形，有长条形龙池和凤沼两共鸣槽，龙池与琴轸间刻篆书"天风海涛"四字；龙池内有墨书两行："圣宋隆兴甲申，大唐雷威亲斫。"

　　此琴出自唐代制琴名匠雷威之手。唐朝时，蜀中雷氏家族以制琴闻名，其中又以雷威最为有名，他制作的琴被誉为绝世珍品，大多被皇室贵族收藏。

　　这把天风海涛琴出土自鲁王朱檀墓，足见此琴已历经唐宋元明四代皇室。虽然琴七弦已失，无法弹奏，但依然堪称稀世珍宝。

传世之宝出名手

鲁王之宝

## 围棋

明代
棋子，直径1.8～2.2cm
棋盘，边长约40cm
罐，高10cm　腹径11.3cm　底径7.6cm
山东济宁邹城明鲁王朱檀墓出土

**黑白纵横迷煞人**

　　这副围棋出土时非常完整，包括纵横各19道的白纸棋盘，黑子176枚，白子181枚，共357枚玻璃棋子，分别装于两只戗（qiāng）金山字纹黑漆卷木胎罐中。

　　棋罐为戗金黑漆卷木胎，腹及下部饰戗金云雷纹地、山字纹，口沿下和凸棱上部各饰戗金云雷纹一周；盖顶面纹饰与罐腹部一致，边缘部分饰戗金连弧纹，弧内饰戗金涡纹。通体髹（xiū）黑漆，但棋罐的盖顶和腹部黑漆多已脱落，可以看到内部白色粉质底子。

　　白纸围棋盘为方形，双层纸黏合，以墨线在白纸上绘出横竖各19线，四角星位用墨点标出。出土时已残破，叠成八折，后由故宫博物院复原成四折形式。

　　围棋，在我国古代称为弈，是古代棋类中的鼻祖，经历了漫长的发展阶段，是中华民族传统文化中的瑰宝。自古以来就有"纵横十九道，迷煞多少人"之说，就这一点而言，围棋也是一种文明的象征。

　　流传至今的围棋书籍、棋谱众多，但存世的实物很少，鲁王朱檀的这副围棋实物，弥补了这一遗憾。

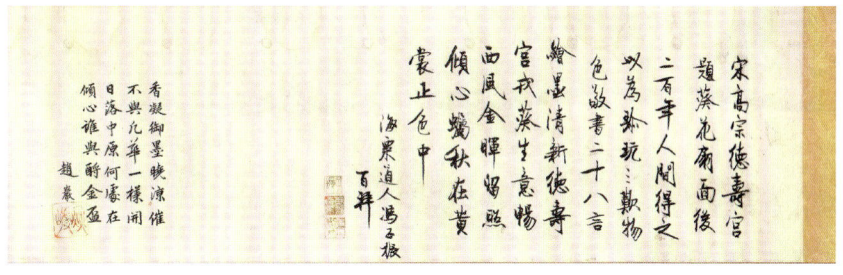

## 《葵花蛱(jiá)蝶图》卷

南宋
绢本设色
画心，纵30cm　横82cm
题跋，纵30cm　横94cm
山东济宁邹城明鲁王朱檀墓出土

　　此图本是一个扇面，因此两面都有字画，通幅褚色渲染，画面浓重艳丽。正面用没骨法绘有蜀葵和蛱蝶，秋葵泛金，细笔作花瓣细纹，花蕊落丹敷粉；蛱蝶闻香而来，起舞翻飞，画上方钤"皇姊图书"朱纹印。背面为金字草书七绝一首："白露才过催八月，紫房红叶共凄凉，黄花冷淡无人看，独自倾心向夕阳。"据元代书法家冯子振在此扇面的题跋推定，此诗为南宋赵构所书。"皇姊图书"是元代鲁国大长公主祥哥剌吉的藏书章。

　　赵构即南宋的开国皇帝宋高宗。可见，葵花蛱蝶图卷曾收藏于宋、元、明三朝皇室，因卷轴书画多为传世，此卷出自墓葬则显得更为珍贵，对于研究宋代绘画、书法及元明皇室收藏史有着重要的意义。

蝶舞黄花畅西风

鲁王之宝　209

# 千家注杜诗学盛

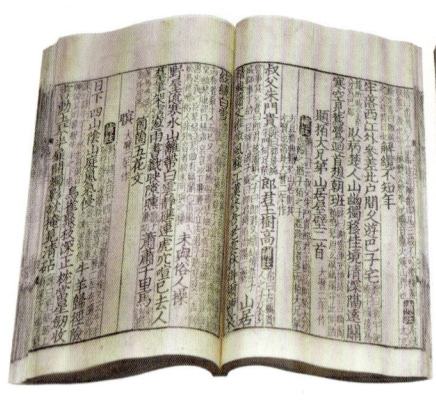

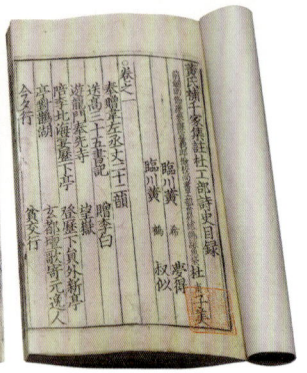

## 《黄氏补千家注纪年杜工部诗史》

元代
框高19～19.6cm　宽12.6cm
山东济宁邹城明鲁王朱檀墓出土

  自唐末以来，学诗者尚杜，学文者宗韩柳。杜甫被后世称道"最尚杜工部之系心国民"；韩愈为"唐宋八大家"之首，亦有"文章巨公"和"百代文宗"之名；柳宗元也是"唐宋八大家"之一，被称为"游记之祖"。人们对他们的诗歌和作品本质、功能、价值、文风及创作主张所进行的探讨和论述纷纷成书。《杜集》《韩集》《柳集》在宋代即号为"千家注杜""五百家注韩""五百家注柳"。该书是南宋时黄希、黄鹤父子注释杜诗之作，在杜诗学史上占据重要地位。

  《黄氏补千家注纪年杜工部诗史》就是其中流传下来的重要著作。此书最早是宋代刻本，是宋代"千家注杜"学术盛况的优秀代表，现已散失。

  鲁王墓出土的这部图书共二函各九册，共18册，十分珍贵，反映出元代诗坛依然像宋代一样推崇杜甫诗歌。

  此书现存有三部元刻本，共计五部，分别藏于大陆与台湾两地。在现存的五部书中，唯有山东博物馆藏的这部刻本为全本。

## 《朱子订定蔡氏（书）集传》

元代
框高19.2～19.8cm　宽12.6cm
山东济宁邹城明鲁王朱檀墓出土

　　此书一函六册，为鲁王墓出土的六种元刻本之一，为蝴蝶装。其从内容到成书再到刻行、收藏，经历丰富，与宋、元、明三代的多人相关。

　　蔡沈——此书内容以宋代蔡沈《书集传》为主干。朱熹——此书搜集宋代朱熹语录置于其后。董鼎——此书由元代董鼎辑录纂注。余志安——此书写完不久，董鼎辞世，后来由当时最负盛名的"余氏勤有堂"坊主、元代著名刻书家余志安将此书刻版印行。

　　因为此书曾经朱子订正，故称"朱子订正"或"朱子订定"。董鼎便在书中辑录了朱子纲领，并且详加校核，成为后人刊刻蔡沈《书集传》的重要版本。

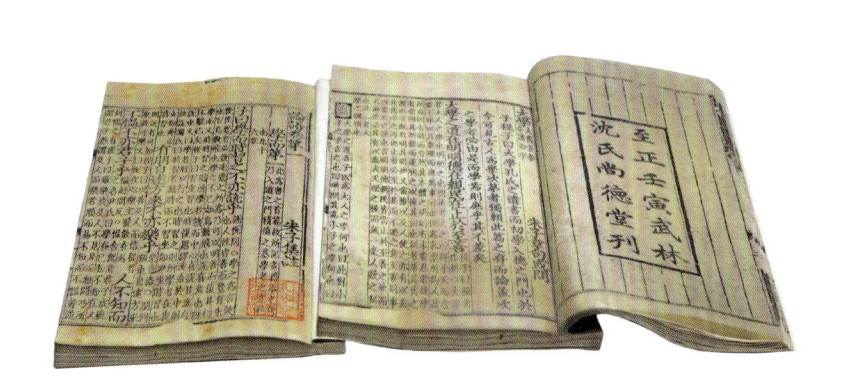

# 第四部分
# 车马出行

　　车马仪仗，又称卤簿（lǔ bù），卤簿的记载见于东汉蔡邕《独断》："天子出，车驾次第，谓之卤簿。"几千年前的周朝，就开始有了类似的车马仪仗制度。当时周武王为统领诸侯国的最高统治者，对诸侯王进行分封时，会送给诸侯王一套车马仪仗，以示封赏，诸侯王也以此为荣耀，显示其正统。历朝历代的卤簿制度越来越规范，逐渐成为封建王朝帝王制度的重要组成部分，成为中国古代皇室、贵族、官吏出行时威严仪容和身份地位的象征，历朝历代都有严格的规定，主要用于祭祀、朝会等重大活动。在《明史·仪卫志》中对皇帝、皇后、太子、亲王、嫔妃及郡王、郡主等的出行仪仗都列出了具体的规定，显示出严格的地位等级制度。

　　鲁王朱檀是明代第一个去世的亲王，亲王的陵墓建制和诸多礼制为朝廷首次制定，加上朱元璋（zhāng）对朱檀的喜爱，在他逝后特制了这一套阵容庞大的亲王卤簿随葬，至今在明代亲王陵墓中，还未发现有如此规格的仪仗木俑群。

长阵相衔冷月高

## 车骑仪仗

明洪武

木俑,高25.4~29.8cm　座高1.9~5cm

木马俑,长16.1~30.9cm　高24.6~31.7cm

木象辂(lù),长83.7cm　轴距50cm　高53.5cm

山东济宁邹城明鲁王朱檀墓出土

  鲁王朱檀的仪仗俑群应是明初亲王出行仪仗的真实反映。这批仪仗俑群,包括各种姿势的木俑397件,文俑身着圆领曳(yè)地长袍,腰束带,足蹬黑靴;武俑则内着长袍至脚面,外穿铠甲,他们的身份、动作和持物各不相同;还有吹奏的乐俑和身材魁梧的侍卫俑,他们的脸部特征雕刻得细腻生动,千变万化。马俑则施红、黑、白三彩,体态健硕,有的站立,有的作行走状。象辂车体高大,造型完整。

  整个木俑群阵容排列整齐,气势磅礴、威严壮观,仿佛能看到鲁王朱檀端坐在华美的辂车中,伴随着豪华的仪仗出行的情景。这批木俑为研究明代仪仗提供了真实宝贵的文物资料。

鲁王之宝

白彩木雕鞍马

彩绘木肩方机俑

彩绘左手牵马木俑

彩绘右手牵马木俑

## 白彩木雕鞍马／彩绘木肩方机（wù）俑／彩绘左手牵马木俑／彩绘右手牵马木俑

明洪武

白彩木雕鞍马，长30.9cm　高31.7cm
彩绘木肩方机俑，高25.8cm　座高2.3cm
彩绘左手牵马木俑，高29.4cm　座高2.5cm
彩绘右手牵马木俑，高29.2cm　座高3cm
山东济宁邹城明鲁王朱檀墓出土

　　这是一组牵马、肩机俑的组合。在马俑的一左一右有两个牵马俑，身着圆领窄袖长袍，腰系带。左手牵马俑左臂拧袖平展微举，似在牵马持缰；右手握拳，身体微微右倾，腹部前挺，长袍飘起，露出双靴。右手牵马俑右臂卷袖平举，手微握，牵马持缰，左手提袍，双靴外露，身体左倾，腹部前挺。两个牵马俑面含笑意，神采飞扬，体态雍容，气势不凡。肩机俑双手举机，神态恭谨，默默立于一旁。马俑体态强壮，口含铁衔，备后桥倾斜式鞍。

**鞍马行游笑秋风**

**高车宝珠莲花顶**

**朱漆木象辂（lù）**

明洪武
辂长83.7cm　轴距50cm　高53.5cm
山东济宁邹城明鲁王朱檀墓出土

　　象辂辕（yuán）首为龙首形，车上有辂亭，辂亭前留门，周有格窗，盖顶为圆形莲花宝盖，插有三层莲瓣贴金耀叶，顶置宝珠，辂亭中部有一木圈椅式座，辂亭外有护栏、回廊和踏梯。

**威风之扇随车行**

**木翣（shà）**

明洪武
黼（fǔ）翣，上宽58cm　下宽50.4cm　高76.5cm
黻（fú）翣，上宽58.4cm　下宽48.8cm　高76cm
画翣，上宽58.4cm　下宽49.2cm　高76.5cm
山东济宁邹城明鲁王朱檀墓出土

黼翣　　黻翣　　画翣

　　木翣翣首尖锐向上呈三角形，下部略窄，每件由三块木板组合插接而成，下边中间插有圆木杆柄。木翣正反两面纹饰相同，四周沿边用黑白二色绘卷云纹，中部图案各不同，分为三种：黼翣、黻翣、画翣。翣在帝王和高官出行的仪仗中，用以障尘蔽日，象征主人的权威，显示其威风。

鲁王之宝　　215

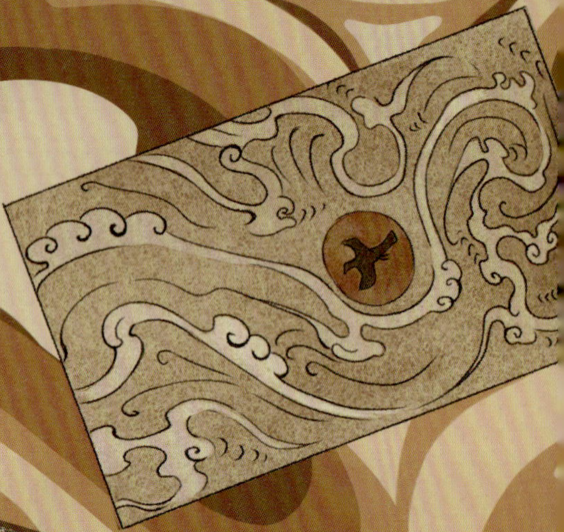

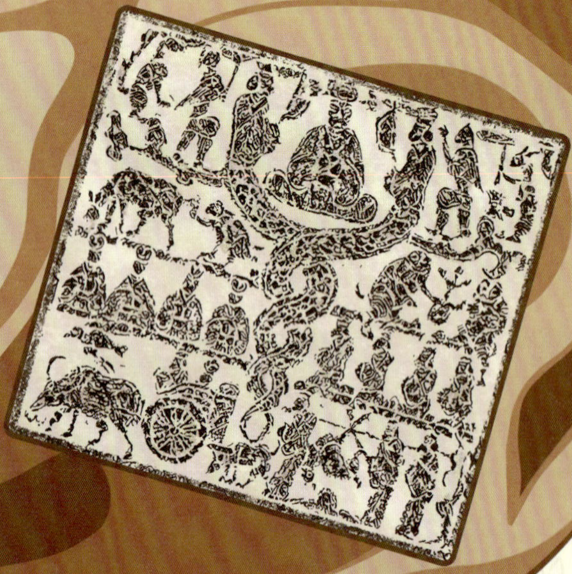

# 汉画 汉风 汉魂
## ——山东汉画像石艺术展

  画像石是地下墓室、墓地祠堂、墓阙和庙阙等建筑上雕刻画像的建筑构石，因主要流行于两汉时期，所以常称为汉画像石。作为我国古代为丧葬礼俗服务的一种独特艺术形式，汉画像石具有质朴、深沉的民族本土艺术特色，体现了大汉帝国的时代特色，是中国古代文化遗产中的瑰宝。

  山东是汉代画像石的主要分布区域，山东地区的汉代画像石是中国汉代画像石艺术的杰出代表。它产生时间早、延续时间长、发现数量多、内容题材与雕刻技法丰富，著名的嘉祥武氏祠、长清孝堂山祠堂、沂南北寨汉墓等的画像石堪称代表作品。

  本馆所展出的展品来自济宁、枣庄、泰安、临沂、济南及烟台等地区。

# 汉画像石所属的主要建筑形式

汉画像石所属的主要建筑形式有墓地祠堂、墓阙和地下墓室。

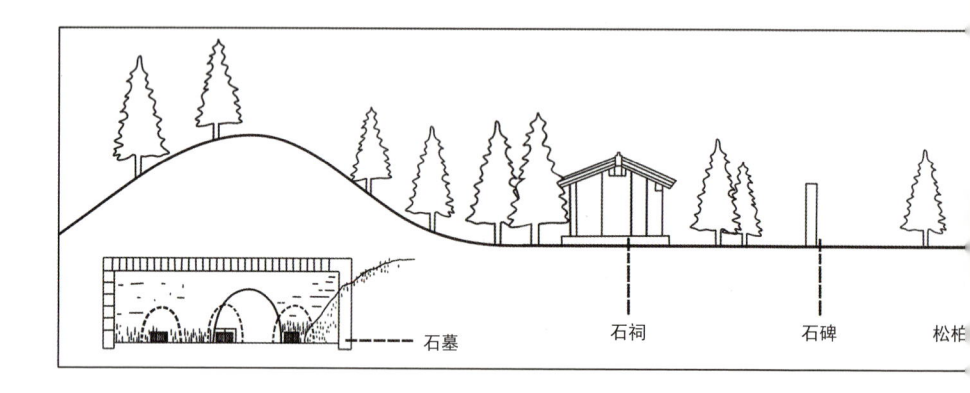

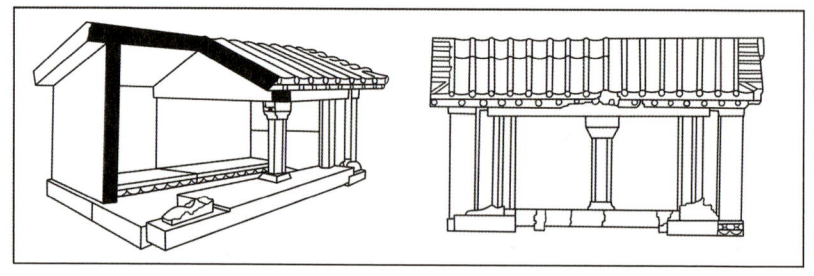

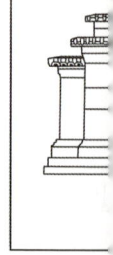

石墓　　　　　　　　　石祠　　　石碑　　松柏

祠堂：长清孝堂山祠堂

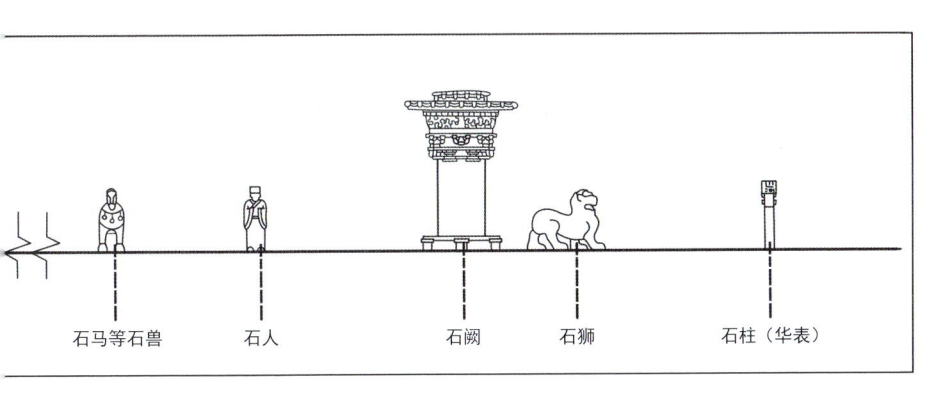

石马等石兽　　　石人　　　　石阙　　　石狮　　　　石柱（华表）

汉代墓地布局示意图

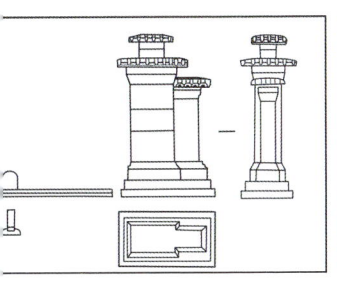

墓阙：武氏祠石阙

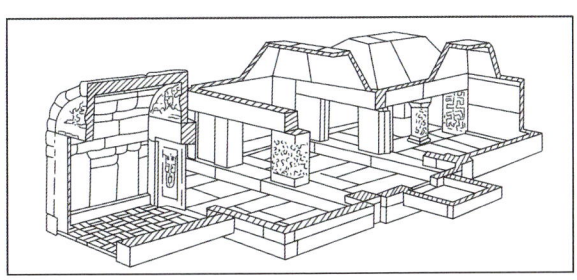

墓室：安丘董家庄汉墓

汉画 汉风 汉魂　219

## 第一部分
# 辉煌汉画

　　山东境内发现的画像石总数超过了10000块，其中的嘉祥武氏祠、长清孝堂山石祠、沂南北寨汉墓等的画像石早已蜚声中外，成为汉代画像石的杰出代表。这些以刀为笔、以石为纸的画像石，穿越了时空，保存了汉代最为真实的社会生活，被誉为"汉代生活的历史画卷"。

　　在艺术形式上，它上承战国楚风，浪漫飘逸，融合西域传入的胡风，形成了别具一格的汉代艺术，与商周青铜艺术、南北朝石窟艺术、唐诗宋词一样，成为我国传统文化艺术中的瑰宝。

　　近年来，山东境内又相继出土一批艺术价值极高的汉代画像，如2005年发掘的长清大街画像石墓、2007年出土的东平彩绘壁画墓等的画像石，大大丰富了山东汉画的内容。

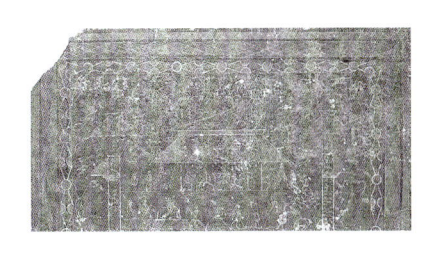

## 汉初八年画像石（阴线刻）

**东汉**
高78cm　宽151cm　厚16cm
山东泰安肥城栾镇村出土

　　阴线刻是指图像全部用凹入石头的线条加以表现的艺术手法。
　　此画像石共分四部分。第一层主要描绘了汉征匈奴胡汉交兵的场景。第二层为升仙图，画面右侧依次绘出马车、三鱼车、鹿车及羽人骑鹿。第三、四层为狩猎图以及宴乐图。画面右题刻隶书两行25字："建初八年八月成孝子张文思哭父而礼，石值三千，王次作，勿败。"
　　此刻石书风奇特，它以石刻之刀，在风格和技法上，模拟简牍墨迹，在汉碑中极罕见。

书风奇特拟简牍

---

**小知识：隶书**

　　隶书是汉字的一种字体，一般认为由篆书发展而来，字形多呈宽扁，横画长而竖画短，讲究"蚕头燕尾""一波三折"。隶书始创于秦朝，在东汉时期达到顶峰，对后世书法产生了不可小觑的影响，书法界有"汉隶唐楷"之称。

汉画 汉风 汉魂

# 第二部分
# 天界仙境

汉代人对生命有着特殊的理解，在不大的祠堂或墓室空间内，人们往往通过象征性画面表现整个宇宙空间。以日月星辰、神仙、祥瑞异兽等象征天界仙境，这些画面往往安置在建筑的顶部，而与人间活动相关的画面则安置在建筑的中下部。模拟的宇宙空间和幻化的仙界，反映了汉代人对世界和生命的认知，期待进入天界仙境，也包含了长生不老的神仙信仰，期待生命的延续和永恒。

**小知识：神仙祥瑞**

因为相信天界和神仙的存在，汉代十分流行升仙信仰，上至皇帝下至平民，都十分热衷于羽化升仙。因此，画像石上常常刻画出人们幻想置身于由东王公、西王母、羽翼仙人等组成的神仙世界中。

画像石上还有大量的表现祥瑞的飞禽走兽：一种为现实中可见的动物，有的取谐音，喻示吉祥，如鹿谐音"禄"，羊则寓意"祥"；还有一种幻化的动物形象，如翼龙、翼虎、九头人面兽等。这些祥禽瑞兽与神仙画面一起，共同营造出汉代人幻想中的长生不老的仙界。

主神之尊西王母

**西王母画像石**

东汉

高82cm　宽83cm　厚30cm

山东枣庄滕州西户口（今山亭区桑村镇西户口）出土

　　此画像石共分八层。第一层为升仙图，中间是西王母，两侧为玉兔捣药等。第二层有九尾狐等瑞兽。第三层是讲经授业图，中间两儒生捧简，嘴部夸张，以示讲经。第四至六层是乐舞杂技图，画面中心为高耸的建鼓，周边分列伎乐、六博和观者。第七至八层是车马出行图。纵观八层画像，学、乐、行、升俱全，场景庞大，气势非凡。

　　西王母是《山海经》传说中的女仙之主，也就是后来民间所说的"王母娘娘"。不过，她最初的形象十分恐怖，生了一副"豹尾、虎齿"，凶神恶煞的样子，到汉代成为一位仪态雍容、高贵的女神仙，在西方昆仑山上掌管"不死之药"。其因握有可使人长生不老的"不死之药"而受到社会的广泛崇拜奉祀，在汉代艺术常见的诸神形象中，居主神之尊位。

汉画　汉风　汉魂

## 东王公画像石

东汉

高82cm　宽82cm　厚19cm

山东枣庄滕州西户口（今山亭区桑村镇西户口）出土

　　此东王公画像石画面共分八层。第一层，东王公端坐于双龙座上，两侧羽人及牛首、鸟首人身仙人侍立；第二层，人物对坐，中置一樽（zūn）；第三层为走兽；第四层为群骑；第五层，人物对坐；第六层为狩猎；第七层为群骑；第八层，鹿车出行，左一迎者。

　　东王公，又称扶桑大帝、东华帝君，最早的记载见于汉代，被认为是代表阴阳中"阳"的神祇，对应阴神西王母。汉末道教兴起，在汉代民间，王公、王母同时被吸收入道教，成为育养天地、陶钧万物的两仪神。同时，据秦汉的登仙思想，东王公与西王母一起成为仙界的主神。在宋代，全真教逐渐形成，又将东王公奉为全真教的祖师。

陶钧万物养天地

## 天地合一 有规矩

### 西王母、伏羲女娲画像石

东汉
高80cm 宽85cm 厚15cm
山东枣庄滕州西户口（今山亭区桑村镇西户口）出土

  这幅画像石画面分三层。上层西王母戴胜端坐正中，两侧伏羲、女娲手持便面，蛇尾相交贯穿三层，左右有羽人、玉兔、九尾狐、蟾蜍等。中层男女各坐四人。下层有一牛车，跟一犬，二人抬一捆绑的猎物，一人扛着弩。

  在汉画像石里，西王母形象几乎都戴胜，胜即头戴饰物，是西王母的基本分辨标识。伏羲、女娲手持的便面是古代用以遮面的扇状物。不过，作为我国古代神话传说中创造人类的始祖，伏羲和女娲通常手持的不是便面，而是掌管天地法则的规和矩。古人认为天圆地方，天就像大罩子一样盖住大地。恰好，规是圆的，象征天；矩为方，象征地，规矩就成了天地的符号。伏羲女娲图暗示着一阴一阳、天地合一的意思，意在表现夫妻相悦的和谐关系，表达生命得以延续和再生的愿望。

## 延光元年（122年）画像石

东汉
高135cm　宽47cm　厚23cm
山东枣庄滕州西户口（今山亭区桑村镇西户口）出土

　　这幅画像石共分七层，自上而下分别是九头人面兽、乘鹿车及骑鹿出行、格斗、六人执毕捕鸟、人物、牛车、蹶张等画面。左上方刻有隶书题刻："……延光元年八月十六日暴失命掾（yuàn）故县门下功曹游徼（jiǎo）市掾弟圣……经召县功曹主簿府文学掾师安弟党……家安弟平明于……"。

　　这块画像石上出现了很多古代的名词，如今我们已经非常陌生。例如：

　　执毕，是指拿着田猎所用的网。"毕"是一个象形字，字的最上面是线绳织的网，下面是拴网的框架和把柄，其本义是捕捉小动物的带柄的网。

　　蹶张，是指脚踏强弩，使之张开。画像石中的汉代步兵用脚踏着劲弩使其张开射击敌人，气势汹涌，场面震撼，表现了武者非凡的力量和射击技艺。

　　功曹，是古代官职的名称，秦代时即有此官职，主管考察记录业绩。

　　主簿，也是古代的官名，主要负责掌管文书工作，司马懿就曾担任曹操的主簿。

　　掾，是古代副官或官署属员的通称，文学掾即为汉朝州郡主管教育的学官。

　　游徼，最初是指官吏中级别最低的人员，汉代是负责巡察缉捕之事的乡官。

百官出行各司职

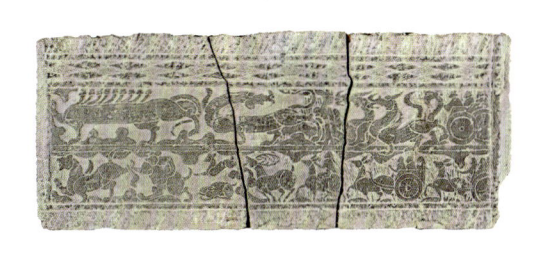

## 九头人面兽画像石

东汉
高58cm　宽144cm　厚18cm
山东枣庄滕州西户口（今山亭区桑村镇西户口）出土

　　该画像石画面共分两层：上层是九头人面兽、龙和两条翼龙拉车。下层是虎、熊、兔、鹿、羽人骑鹿及鹿车等。
　　九头人面兽出自《山海经》，是一个人面虎身的庞然怪兽。这种怪兽是古代神话传说的司水之神兽，又称开明兽。

## 三羊开泰画像石

东汉
高46cm　宽173cm　厚20cm
山东潍坊出土

　　该画像石为高浮雕。"三羊开泰"是中国传统文化中一个富有象征意义的艺术形式，指冬去春来、阴消阳长，代表着春天来临和万物复苏，是吉利的象征。古代"羊"与"祥"音同意同，故古人以羊为祥。山东汉画像石尤以众多羊造型图案为特点，并且多数装饰在墓室门楣上，有辟邪、吉祥之意。

司水之神开明兽

阴消阳长万物苏

汉画 汉风 汉魂

### 铺首衔环画像石

东汉
高100cm 宽100cm 厚7cm
山东枣庄滕州龙阳店出土

  这件画像石上层中的铺首衔环由"山"字形冠、兽面、衔环等几部分组成，"山"字形冠与古代神人所佩戴的冠饰形状类似，标识了铺首衔环中神兽的地位和护佑的作用。兽面是守卫主人的神兽，为多种动物形象的融合。铺首衔环的环中一带尾人作半蹲举物状。铺首两侧有嘴衔绶的凤鸟，环外两侧还各刻有一只攀爬的猴子。下层中系二马，马左一人扶杖，马右一人持箕和锄钩捡粪。

  铺首又称门铺，是古代中国传统建筑中门的装饰构件，多做成兽形，含有驱邪意义。铺首所衔之环为开关大门和叩门的门环，在汉代的陶器和青铜器以及画像石、墓门和棺椁上均有出现。

**神兽衔环尊职守**

228 山东博物馆

## 百兽率舞画像石

东汉

纵97cm　横272cm　厚15cm

山东枣庄滕州龙阳店出土

　　这幅画像石为浅浮雕，画面共分上下两层：上层为百兽率舞，创作者凭借着自己浪漫的想象把鸟兽鱼虫用极度夸张的艺术手法表现出来，从图案上可以感受到汉代工匠汪洋恣意的想象力和精湛高超的技艺。下层为车马出行，左边亭下有持盾击鼓的迎者。

　　此画像石原为墓室壁画，同墓共出两块，各纵宽三米，整个画面线条流畅，刻画生动，是目前发现的型制最大的汉画像石之一。

　　汉画像石的内容涉及了汉代的方方面面，包括天文地理、神话传说、现实生活、民族关系、政治经济发展水平及社会意识形态等诸多领域，工匠们深深浅浅地雕刻，向后人展示了一幅幅别开生面的历史画卷。因此，汉画像石被称为"汉代社会的缩影"和"东方艺术的瑰宝"，是研究汉代政治、经济、文化的重要资料。

# 第三部分
# 现实生活

在汉代，人们相信死后生命仍在延续，因此汉代流行"事死如事生"的观念，表现在汉墓中多模拟生前生产、生活场景，将墓葬空间装扮成人间的模样。墓室内除了放置大量的随葬物品外，还将生前的场景用图画的形式表现出来，希望自己在死后也能继续享受美好生活。

**石椁画像石**
西汉
高90cm　宽269cm　厚12cm
山东济宁金乡香城堌（gù）堆出土

此画像石的画面分三部分，中间刻穿璧纹。左侧两位武士一攻一守，衣袖上下翻飞，正在对练。右侧中间立一武士，似是长官，两侧恭敬地站着两位持戟（jǐ）侍者。

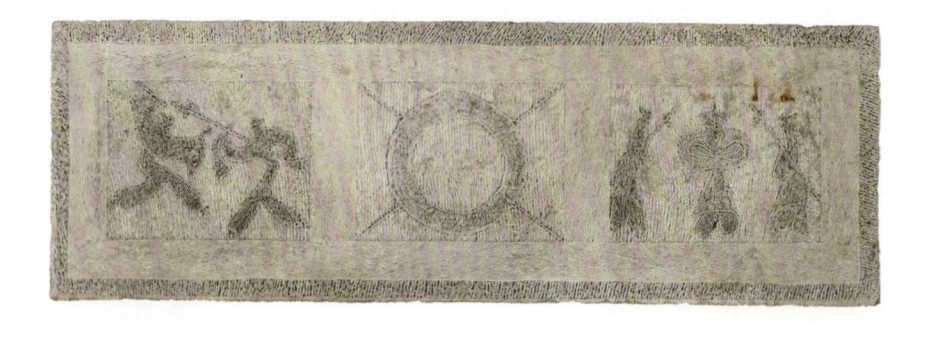

侍卫持戟勤操练

# 胡汉交兵辟邪灵

## 胡汉交兵画像石

东汉
高115cm　宽71cm　厚24cm
山东济宁嘉祥宋山出土

　　此画像石的画面上层为胡汉交战图，一汉骑兵弯弓正欲射杀逃亡的胡骑，另一汉骑执长矛刺的胡兵人仰面朝天；重叠的山峦中隐藏着胡人骑兵，一胡兵正向其首领汇报战况；汉官面前，一卒绑来两个胡兵俘虏。最下层为戏蛇图案。中间一人双手握蛇，蛇缠绕其颈部，首尾翘起，两旁各一人，执锤、斧戏蛇。

　　胡汉战争图是汉画像中最常见的战争画面，其中"胡"泛指中国古代北方的游牧民族或外国人，"汉"则指中原地区的华夏民族。

　　胡汉战争图中描绘的最终战果都是汉兵胜利，这反映了饱受北方少数民族战争之苦的中原人对和平的强烈渴望。而在墓葬或祠堂画像石中，人们更多地借用胡汉战争的场景表述死后黄泉路途的艰辛，胡人在其中成为邪恶化身，阻挠墓主人顺利进入黄泉世界或仙境，而汉兵则是帮助自己打败邪恶军队的帮手，因此胡汉战争图也有辟邪的意义。

桑麻密密织三服

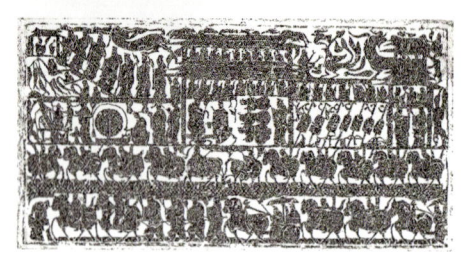

**纺织画像石**

东汉
高67cm　宽127cm　厚16.5cm
山东枣庄滕州西户口（今山亭区桑村镇西户口）出土

　　这块纺织画像石画面共分四层：第一、二层为楼阁、水榭，主仆、宾客盈门。第二层左侧有众人纺织，表现了纺线织布的繁忙景象——图中的织布机是目前见到的较早的纺织机械；右侧为兵器库。第三层为列骑。第四层为车骑出行，左侧一人躬迎。

　　两汉时期的山东富有渔盐之利，是经济发达的地区之一。铁器和牛耕的广泛使用，水利的兴修，提高了生产率，促进了工、农业发展。汉代山东地区的冶铁、煮盐、纺织三大手工业尤为发达。当时朝廷在临淄设立了三服官，专门为皇室宫廷制作春、夏、冬三季的服装，因而齐地又有"三服"之称。此汉画像石雕刻十分清晰地记录了汉代纺线和织布的劳动场景。

　　我国是世界上最早种桑、缫丝、织绸的国家。西汉时，我国的纺织技术已经非常高超。汉画像石中的纺纱、织布图案已经发现多幅，大多出土于山东，可见汉代山东地区纺织业的兴盛。汉画像石的这些纺织图，使我们对汉代纺织工具有了形象的认知，了解了当时的纺织生产过程。

# 煮酒烧肉待何人

## 庖厨、车骑画像石

**东汉**

高69cm　宽63cm　厚31cm

山东济宁嘉祥宋山出土

  该画像石画面的中层是一幅生动的庖厨图。墙上挂满宰杀好的鸡、鱼、兔、猪头等，旁边二人正在准备剥案上之鱼，其侧还放置酒樽（zūn）、耳杯。下侧最左边有一厨师正在生火做饭，炉灶上方放着当时的一种类似蒸锅的炊煮器具，叫作"甑（zèng）"，右边一人和面，一人汲水，一人剥狗。

  丰富的食材来源，忙碌的烹饪场面，体现了汉代贵族家庭富足的物质生活。庖厨图所反映的内容主要是有关汉代人食肉的情况，主要肉食是猪、狗、羊、兔、鸡、鱼等，这种肉食结构一直延续至今。

## 粮囤（dùn）画像石

东汉
长244cm　宽54.5cm　厚54.5cm
山东济南长清大街汉墓出土

仓上硕鼠暂藏身

　　粮囤画像石为凸面线刻，两面皆刻画像。一面刻四神画像，一面刻粮囤图。粮囤图分上下两层，一派忙碌的秋收景象。画面上层左侧放置着数个大酒瓮（wèng），旁边有人物及禽鸟。下层左侧有三个大粮囤，中间有人手拿量、斗等器具正在收粮食，一派喜气洋洋之景。最令人忍俊不禁的是在粮仓上还有数只形态各异的硕鼠，粮仓下狗正在对着硕鼠狂吠，看来在汉代狗拿耗子并非多管闲事。画像右侧为楼阁拜谒。

粮囤图拓片

四神图拓片

**狩猎画像石**

东汉
长238cm 宽48cm 厚56cm
山东济南长清大街汉墓出土

　　车马出行和狩猎题材是汉代画像石中最常见的内容。
　　此狩猎画像石上步行或骑马的射手以及持毕者正在捕捉猎物，猎犬在地上奔跑，苍鹰在天上飞翔，受惊的鹿、兔以及天空中的飞鸟等正在疯狂地逃窜。整幅画像线条流畅、洗练，动感十足，实属汉代画像石中的精品。

鸟惊兽骇狩猎忙

## 楼阁人物画像石

东汉
高62cm 宽93cm 厚11cm
山东济宁嘉祥五老洼出土

　　这件画像石取自祠堂后壁。画像石中的画卷共分为上中下三层，主要围绕着太守府。上层为双层楼阙，楼上二人端坐，可能是太守妻妾，正独倚凭栏，眺望远处的风景。身旁不远处各有一位侍者，而侍者后侧又各站立一只仙鹤。中层中楼下主人向右侧坐，是太守正接见手下官吏，身上刻"故太守"三字，表现的是接受拜谒的场景。下层是车马出行图。

贫富之家争孝先

# 第四部分
# 东平汉墓壁画

　　东平汉墓壁画是山东迄今发现年代最早、保存最完好、艺术水平最高的汉画作品。壁画色彩艳丽、线条灵动绝妙，不仅填补了山东省汉代壁画的空白，在全国也较为罕见。

　　2007年10月在东平县城发现多室壁画墓三座。这三座墓室内厅堂、门楣及石壁上皆绘有壁画，以一号墓的壁画最为精美，时代约为东汉早期。

　　一号墓结构规整，壁画内容丰富，布局匀称合理，保存完好。墓顶绘制云气纹及红日、金乌，门楣、墓壁以人物画像为主，间以鸡、狗等动物形象及房屋。内容有导引升仙、拜谒、喂鸡养狗、宴饮舞蹈、镇墓辟邪等场面，各类人物形象多达48个。其中尤以绘制于门楣内侧的12个人物形象最佳，须发飞扬，神态各异，生动传神。壁画以蓝、绿、黑、白色为主，间以红色，色彩艳丽，线条流畅，形态生动，反映了汉代高超的绘画艺术。

# 飞鸟入云升仙境

**云纹及金乌画像**

东汉
山东泰安东平后屯一号墓前庭顶部壁画

在东平发现的三座多室壁画墓中，以一号墓的壁画最为精美。其墓前庭顶绘制云气纹及红日、金乌。云纹勾卷，线条优美，色彩鲜艳。云纹中绘一轮红日，红日内金乌展翅飞翔。

古人认为太阳里有一只三脚乌鸦，因此"金乌"代表着太阳。将金乌绘于墓室顶部，是希望墓主人死后也能看到日月星辰。云纹也是汉墓中常见的纹饰。汉代人认为，死后灵魂不灭，可以"升仙"，是生命的另一种延续，云气环绕是升仙时的景象。

## 武士画像

东汉
上，宽155cm　高37.5cm
下，宽156cm　高37.5cm
山东泰安东平后屯一号墓门楣石壁画

威风八面驱邪魔

　　山东博物馆十大镇馆之宝之一。
　　在汉代墓室画像中有一些武士形象，他们多与神仙的画面一起配置在墓门处。他们有的身强体壮、威风八面、孔武有力、武艺高强；有的佩带各种武器；有的满目狰狞、似凶神恶煞。这些形象一方面体现了汉代是一个尚武崇勇的时代，另一方面也赋予了武士驱逐鬼怪、辟邪镇墓的作用，武士佩带的武器，就是他们辟邪的重要工具。
　　这块门楣石分南、北两块，除了两个是冠带飘飘的文人之外，其余十人皆袍袖高挽、须发飞扬、佩戴刀剑，一副武士打扮，透露出墓主人希望在死后的世界中依旧能够安宁地生活的愿望。

汉画 汉风 汉魂

## 驱鬼除疫守魂灵

**宴饮乐舞及方相氏驱疫画像**

东汉

山东泰安东平后屯一号墓西壁南侧壁画

画像上层绘宴饮乐舞场景,下层为方相氏驱疫图。

宴饮图中有四人对饮,同时欣赏着舞蹈杂技伎女的优美舞蹈,神情怡然自得。

方相氏是旧时民间普遍信仰的驱疫避邪之神,壁画中他发须张扬,眉毛斜竖,大眼圆瞪,面相丑陋,似乎嘴里念念有词,只见他左手持盾,右手持斧,凶恶狰狞地呵斥着恶鬼。

## 通向永生仙境

**导引升仙及生活画像**

东汉

山东泰安东平后屯一号墓西壁南侧壁画

壁画上层，一蓝衣女子伸手似在接物，其前一人双膝跪地，手持笏状物呈上。下层有人物拜谒、喂鸡养狗等生活场景，透露出了墓主人对世俗生活的眷恋，他依然希望在另外一个世界能够过上这般舒适的生活。更重要的是，永生升仙的愿望在汉代也非常盛行，墓主人也希望自己的灵魂能够飞升仙界，与仙人来往。

# 第五部分
# 忠孝文化

汉代高层采纳了董仲舒"罢黜百家，独尊儒术"的方针，儒家思想占据了主导地位。汉王朝大肆宣扬忠臣孝子的伦理道德，对历史上的圣帝贤臣、贞节烈女、忠义之士加以褒扬。

汉王朝特别重视"孝"，将其视为汉代的立国基策，国家赡养70岁以上的老人，同时在地方通过"举孝廉"制度选拔官吏。在这种风气的带动下，厚葬之风盛行，汉代人不惜家财为去世亲人修建大型的画像石墓和众多的石祠堂以彰显自己的孝心。富家大户营造的墓室往往规模很大，异常豪华。有的有专门的厅堂和寝房，有的还有储藏室、厨房、厕所等附加设施，犹如地上房屋和庭院。豪门富户如此，流风所及，黎民百姓争相效仿，即使较小规模的单室墓葬，也会在进入墓室的石块上刻绘门扉，以此象征住宅。还有许多画像石刻有亭台楼阁、庭院水榭、桥梁道路等，把人间的生活场景复制到了死后的世界，即所谓"事死如事生"。

## 以命相搏报恩情

### 历史故事画像石

东汉
高94cm 宽94cm 厚16cm
山东临沂兰山红埠寺出土

　　此画像石为高浮雕，画面上层为灵辄救赵盾的历史故事。

　　赵盾是春秋中前期晋国卿大夫，尽心尽力辅佐晋襄公。晋襄公临死之前，把太子托付给了赵盾。太子就是后来的晋灵公。时年，晋灵公年幼，赵盾只好大事小事一肩挑。晋灵公长大成人后，却十分残暴。赵盾多次规劝，反遭到晋灵公的厌恶和怨恨，甚至起了杀心。

　　在一次酒宴中，晋灵公设下埋伏，赵盾在护卫的保护下趁乱逃走。晋灵公命令士兵急追，眼看就要追上了，突然有人倒戈。此人力大无比，打得追兵东倒西歪，正是灵辄。

　　原来，几年前灵辄游走他乡，盘缠耗尽，险些饿死，恰遇赵盾路过，他给了灵辄钱粮，救他一命。后来，灵辄加入了晋灵公的卫队，此时见恩人有难，便舍身相救，救了赵盾的性命。灵辄将赵盾扶上马疾驰而去，自己又与其他追兵厮打起来，终因寡不敌众而被杀害。

## 儒家谦卑德益丰

### 孔子见老子画像石

东汉
高95cm 宽73cm 厚29cm
山东济宁嘉祥洪家庙出土

此画像石画面分两层：上层右侧为孔子见老子，中间的小童为项橐（tuó）。老子在左侧持鸠杖而立，孔子在右侧躬身向项橐，为虚心求教状；项橐面向孔子，手拉一辆两轮小车，画面十分形象。

项橐是春秋时期鲁国的一位神童，虽然只有七岁，孔子依然把他当作老师一般请教，后世尊项橐为圣公。《三字经》里有"昔仲尼，师项橐。古圣贤，尚勤学"，是勉励后人好学之意。

孔子见老子画像是汉画像石中的常见主题，尤以山东出土最多。此画像石以直观、生动的图像，不仅再现了孔子与老子相见，以及孔子师项橐的历史典故，更表现了以孔子为代表的儒家学派所提倡的谦虚好学、尊老敬贤等社会思想，见证了先秦两汉时期山东儒学的兴盛。

## 季札（zhá）挂剑、二桃杀三士画像石

东汉
高70cm 宽64cm 厚31cm
山东济宁嘉祥宋山出土

　　此画像石分四层。其中第二层，中间刻一坟堆，坟堆上有一剑一盾，坟堆前置案，案上有樽（zūn）、耳杯等祭具，二人跪拜施礼，表现的是春秋时期吴国季札挂剑于徐君墓前的故事。

　　季札是吴国公子，有次出使晋国，途经徐国。徐君与季札交好，便设宴款待。席间徐君对季札腰间的宝剑多瞧了几眼，流露出喜爱之情。季札看出徐君的心思，但宝剑是使节身份的象征，不能相赠。于是，季札打定主意，回来时再把宝剑送给徐君。然而，等他返回徐国时，徐君已经死了。季札到徐君的墓地祭拜之后，摘下佩剑挂在墓地的封树上。后来，用"季札挂剑"比喻守诺重信，始终不渝。

　　画面第三层有四人，左边持板者当是晏婴，右边三位是古冶子、公孙接、田开疆，三人皆挽袖怒目，剑拔弩张。这个画面表现的是二桃杀三士的故事。晏婴是春秋时期齐国的宰相，公孙接、田开疆、古冶子是齐国的三位勇士。然而，此三人居功自傲，勇武骄横，晏婴想要除去这三人。

　　齐景公宴乐群臣，命人摘鲜桃赐之，晏婴故意少摘了一个，到三勇士时只有两个桃子，命他们计功而食。三人自述功绩，公孙接和田开疆讲述完自己的功绩后分别取桃，但等古冶子说完才知道古冶子的功劳最大，于是羞愧自杀，随后古冶子不愿做不仁不义之士也自杀身亡。后来，用"二桃杀三士"比喻用计谋杀人。

天下之事刻无穷

汉画 汉风 汉魂　245

# 春秋一霸弃前嫌

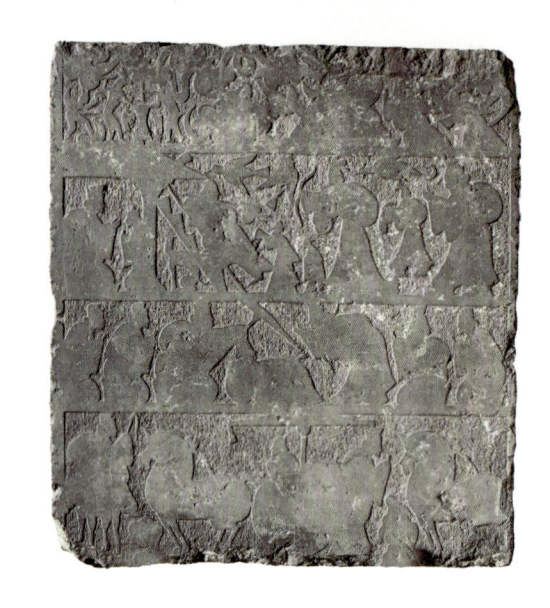

**管仲射小白画像石**

东汉
高73cm　宽67cm　厚33cm
山东济宁嘉祥宋山出土

　　此画像石画面分四层，第三层表现的是管仲射小白。右三弯腰举弓者是管仲，倒地者是公子小白，举伞做掩护的是小白的师傅鲍叔牙。

　　齐国是姜子牙的封国。传到齐僖公这代，有三个儿子，分别是长子姜诸儿，次子姜纠，三子姜小白。齐僖公死后，长子即位成为齐襄公。然而，齐襄公荒淫无道，姜纠和姜小白为避杀祸，各自跟着他们的师傅管仲和鲍叔牙逃到了鲁国和莒（jǔ）国。

　　齐襄公十二年（前686年），齐国叛乱，襄公死，一时齐国无君。姜纠和姜小白闻讯，都力争尽快回国夺取君位。管仲为使姜纠当上国君，中途拦截姜小白，一箭射中了他的衣带勾，姜小白假装倒地而亡，骗过了管仲，然后日夜兼程率先赶到临淄，立为国君，是为齐桓公。

　　姜纠逃回鲁国，不久自杀。管仲被押回齐国，齐桓公名为报仇，实际不计前嫌，以管仲为相，使齐国走上了富强之路，齐桓公也终成春秋第一位霸主。

# 周公秦皇共一石

## 周公辅成王、泗（sì）水捞鼎画像石

东汉
高93cm　宽82cm　厚28cm
山东济宁嘉祥五老洼出土

　　此画像石上层讲述了周公辅成王的故事。成王形体较小，一人端立中央，左右两侧皆为大臣，躬身拱手。其中一人，神态谦卑，正在向成王汇报，便是周公。

　　画面下层是泗水捞鼎的故事，此典故最早见于《史记·秦始皇本纪》。九鼎是夏商周王朝的传国重器，传说秦灭六国时九鼎沉于山东泗水之中，秦始皇为求正统，曾去捞鼎。

　　画面中有二人在桥下撑船，桥上两旁各有四人拉绳捞鼎。鼎已至半空，眼见打捞上岸，突然，鼎内伸出龙头，猛地咬断绳索，意味着捞鼎失败。这一切都被坐在桥旁的秦王和参拜的大臣们看在眼里。捞鼎失败，也讽喻秦王朝的短命是天意。

汉画　汉风　汉魂

# 佛教造像艺术展

　　山东是古代中国佛教文化与艺术的兴盛之地。东汉永平年间佛教正式从古印度传入中国，东汉晚期山东画像石中开始出现与佛教相关的艺术图像。公元351年，著名僧人朗公在济南近郊琨瑞山金舆谷建立了郎公寺，即今济南历城神通寺，是山东现存最早的一座古代寺院。山东佛教历经北朝、隋唐和北宋三个重要的发展时期。山东北朝佛教与齐鲁文化不断融合，创造出具有本土特色的佛教造像风格，其中以背屏造像的祥龙嘉莲装饰和圆雕佛像的"薄衣贴体"风格最具特色，在中国佛教造像艺术史上独树一帜。隋唐和北宋是山东佛教艺术发展的另外两个繁荣时期，以摩崖造像、佛塔地宫和彩绘泥塑最具代表性，均有较高的艺术成就。

20世纪80年代以来，山东境内多次发现佛教窖藏坑和佛塔地宫遗存，出土数量众多的佛教造像和相关文物，特别是1996年山东省青州市龙兴寺佛教窖藏坑的发掘，大量造型精美、妆饰华丽的北朝造像重见天日，引起了全国乃至世界的极大关注，也掀起了学术界研究山东佛教造像艺术的热潮。

# 第一部分
# 山东地区佛教造像

山东佛教艺术遗存有三种：石窟、摩崖刻经和单体造像，其分布以青州为中心，石窟与摩崖刻经均为不可移动文物，本展展品以单体造像为主。山东地区佛教造像尤以青州风格造像最为精美，青州龙兴寺窖藏的发现，可谓震惊世界，精彩绝伦。

### 小知识：北朝时期佛教造像

山东地区佛教造像在北朝时期，经历北魏、东魏、北齐，风格日趋成熟。北魏时期，山东地区佛造像以一佛二菩萨的背屏式三尊像为典型，佛像衣饰逐渐本土化，流行汉人的褒衣（宽衣大袍）博带（宽衣带），衣服厚重、衣摆飞扬，形体沉稳而不失飘逸，面目也变得清秀，这类褒衣博带、秀骨清像式佛像，反映了北魏少数民族政权对汉文化的崇尚和学习。

东魏时期，背屏式三尊造像依然流行，佛像衣饰逐渐精巧细腻，对作为佛教护法形象的龙，精雕细凿，并逐渐成为青州佛教造像中最为突出的特征，纵观全国其他地区，对龙的刻画以山东造诣最高。菩萨像则注重肌体的美感，多见华丽的璎珞装饰。

北齐是山东造像最为辉煌的时期，以单体圆雕像为主，佛像穿着圆领和袒露右臂的衣装，身体肌肉线条凸显，衣物轻薄贴体，如"曹衣出水"样式，一度引领了当时造像艺术的时尚。

# 褒衣博带秀骨清

## 比丘道俢（xiū）造弥勒佛像

北魏
高290cm
山东东营广饶杨赵寺村发现

比丘道俢造弥勒佛像雕刻于公元527年，距今已有近1500年的历史。"道"是造像者之名，"比丘"表示他是一位受戒的出家人。佛像发髻高而显，佛面方眉弯，眼微睁，是一尊标准的"褒衣博带""秀骨清像"式造像，反映了北魏少数民族政权对汉族文化的崇尚和继承。

原造像底座刻供养人像、香炉、狮子等，并题刻"大魏孝昌三年季岁次丁未二月十五日比丘道为一切众生敬造弥勒石像""大魏孝昌三年正月二日奉诏建立皆公寺"等造像记，可知佛像为山东广饶皆公寺内的弥勒像。

佛教造像艺术展 251

背屏神光非凡人

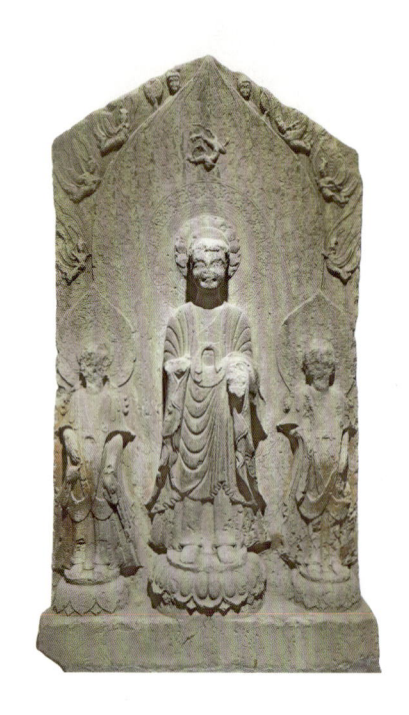

**背屏三尊像**

北魏

高217cm　宽121cm　屏厚28cm　像厚22cm

山东东营广饶阜城店村发现

　　这是一尊北魏时期的背屏三尊像，流行于北魏和东魏时期。

　　三尊指的是造像上的三位人物，中间是佛，左右是两位菩萨。这尊造像的背屏顶部有手执日月的天人、飞天、火焰纹、龙和莲花图案，装饰十分华丽，具有典型的山东地区佛造像的特点。

　　背屏是指造像后有一个屏风式的背部，是我国佛教造像中常见的艺术形式，用以展现人物头顶的华盖、头光，以及身后的背光，使像中人物更加神圣威严。它其实是艺术化地表现了佛、菩萨背后的神光，以此和凡人区分。

## 贾智渊造背屏三尊像

北魏
高224cm　宽141cm
主佛高102cm
山东潍坊青州西王孔庄发现

法相端庄立覆莲

　　该造像造于公元525年，为石灰岩质，运用高浮雕技法，融合了南朝风格和青州本地佛造像的特点，具备了背屏三尊像成熟期的各类元素和典型特征，且保存比较完整，供养人像和题记齐全，是北魏佛教造像中最杰出、最具有代表性的作品之一。

　　造像正面刻一佛二菩萨，是北魏到东魏时期，山东佛像中最流行的一种制式。主佛法相端庄，面带微笑，外披袈裟，内着僧祇支（即长形衣片），绾（wǎn）结于胸前，左手施与愿印，跣（xiǎn）足立于覆莲座上。背屏上部雕11尊形态各异的伎乐飞天。从佛像身体上散发出舟形的光芒，在这光芒之内又雕刻有佛祖以神通招现的九尊佛身，正上方雕刻着头下尾上的倒龙形象。倒龙造型来源于星空东宫龙宿，青州出土的佛像中大量流行这种造型，其应与古代青州地区的青龙崇拜有关。

　　主佛身旁有两位胁侍菩萨，身穿密褶长裙，璎珞绕身，绾结于胸前，造像左右两侧各有上下排列的七个小龛，龛内各雕小佛。胁侍菩萨是修行层次最高的菩萨，其修行觉悟仅次于佛陀或等同于佛陀。在没有成佛前，常在佛陀的身边，协助佛陀弘扬佛法，教化众生。

　　供养人像则位于主佛与胁侍菩

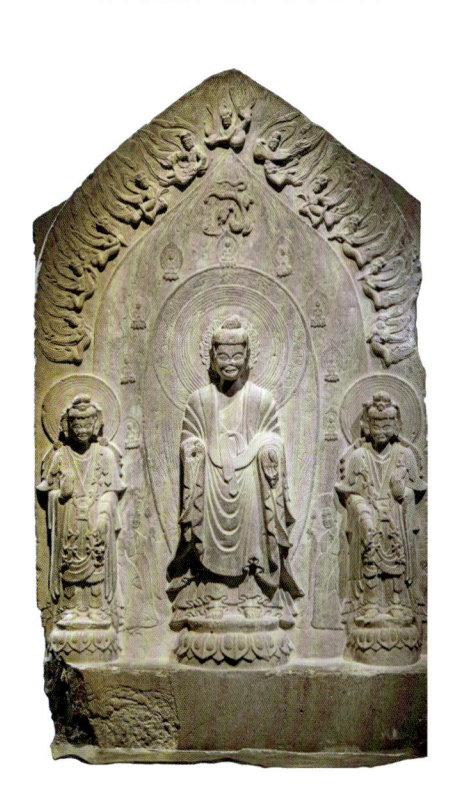

佛教造像艺术展　253

萨之间，手持莲花，面佛而立。背屏左右两侧及碑阴雕有规整的方龛，刻196尊坐佛，是为"千佛式"。造像下有长方形座，上阴刻题记，记载了造像主要捐助人贾智渊、其妻张宝珠及当时益都贾氏大族成员姓名并写有造像缘由、希望和许诺的发愿文。

## 蝉冠菩萨像

东魏
高120.5cm 宽52cm
山东滨州博兴出土

这尊蝉冠菩萨像出土时就已断为三截，双手小臂及足部残缺，但依然难掩其动人风采。

菩萨嘴角微翘，面含笑意；头饰花鬘宝冠，宝缯（zēng）下垂遮耳，两肩各联一圆饼形饰。头后有巨大圆形头光，中心浮雕覆莲，外刻六个同心圆，上有彩绘，可惜多已脱落。

菩萨上身着天衣、颈饰、璎珞及项圈、悬铃；另有璎珞、帛带自两肩下垂，交叉于腹前，垂至膝下绕向身后，腹前交叉处装饰一颗硕大的宝珠。下身着长裙，裙裾褶皱密集，两边髋下饰佩，腹部微凸。

蝉冠菩萨终还乡

最为引人注意的是菩萨宝冠正中雕刻了一只醒目的蝉，静态蛰伏，羽翼丰满，这在佛教造像中极为罕见，因此被命名为"蝉冠菩萨像"。蝉冠原为世俗高官、显贵的象征，而佛教蝉冠则以蝉的生死循环，表达了佛教的轮回观念。

蝉冠菩萨像不仅极其珍贵，其身世也堪称多舛，1976年出土后即流散民间，经多方搜集才最终拼接成一尊断臂的菩萨像。1994年菩萨像被盗流失海外，2008年1月，在外流浪了14年之久的蝉冠菩萨像终于回到祖国的怀抱，入藏山东博物馆。

**贴金彩绘佛像**

北齐

高193cm

山东潍坊青州龙兴寺遗址出土

　　这是一尊北齐时期的贴金彩绘佛像，为单体圆雕立像。佛像肉髻（jì）饰涡旋纹，面相圆润，双目低垂，表情沉静。宽肩鼓腹，身材健壮挺拔，身着通肩式田相纹袈裟，垂直足踝，衣裙下内敛，衣褶上有贴金，跣（xiǎn）足而立。

　　北齐时期流行这种宽肩细腰、佛衣贴体、衣纹舒朗或不刻面衣纹的新形式。

　　袈裟是梵语，为长方形布匹，里、外三层，所以也叫"三衣"，是古印度僧人的服饰。因外层衣上常常装饰有田垄状方格纹饰，也称为"福田衣"。佛教认为世俗间的田地可以种粮食，养活人的生命，而法衣上的田相纹也像世俗田一样可以供养佛法。

　　这尊佛像展现出了青州龙兴寺造像的高超水平，五官沉静平和，嘴角微微翘起，通身曲线柔软。

## 身披福田渡众人

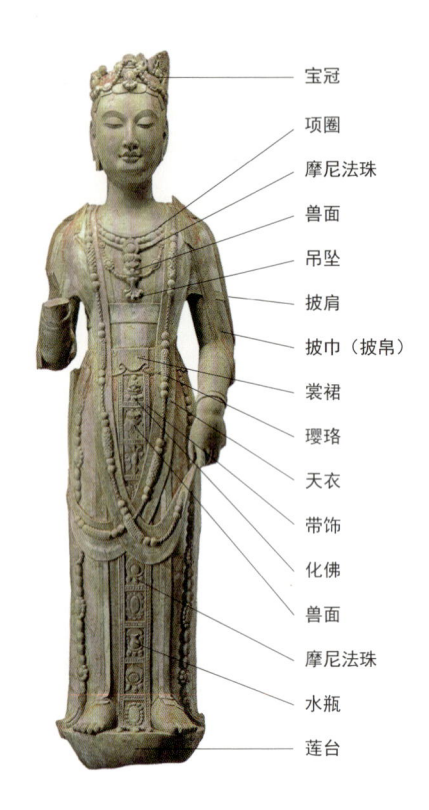

菩萨像各部位名称：宝冠、项圈、摩尼法珠、兽面、吊坠、披肩、披巾（披帛）、裳裙、璎珞、天衣、带饰、化佛、兽面、摩尼法珠、水瓶、莲台

---

**小知识：青州风格**

20世纪80年代以来，以青州为中心的山东北部区域，出土了数批北朝佛教造像，尤其以1996年山东青州龙兴寺遗址发现的大批佛教造像窖藏坑最引人注目。这一区域的佛教造像，在雕刻形式与样式方面独具特色，形成了有别于其他地区的"青州风格"。

青州风格具体体现在北朝时期的背屏三尊造像和单体圆雕造像上。背屏三尊像中间主尊多为佛像，两侧各一胁侍菩萨，造像神态安详，面露微笑，俯视众生。主尊两侧雕刻双龙，口衔莲花，托举胁侍菩萨。龙与莲花雕刻玲珑剔透，成为青州风格的标志性特征。背屏上部正中多为一单层塔，两侧对称雕饰飞天，其他部位饰焰纹。薄衣透体的单体圆雕佛像、菩萨像是青州风格的另一方面，这类造像体态修长健美，服饰轻薄，表现出比例准确、身体匀称的造型之美。

## 贴金彩绘佛像

北齐
高182cm
山东潍坊青州龙兴寺遗址出土

1996年在山东青州龙兴寺遗址出土了北魏至北宋时期的各类佛教造像400余尊，这批造像数量大，种类繁多，雕造精美，彩绘富丽，入选"1996年全国十大考古新发现"和"中国百年百大考古发现"，轰动国内外，享誉世界。

这尊贴金彩绘佛像即是其中之一，其形象庄严静穆，优雅精致，鲜艳华美的敷彩贴金附着于流畅的肌体曲线之上，极富艺术感染力。佛像的衣纹装饰轻薄贴体，显得身躯修长挺拔，是北齐时期造像的典型特征，北齐也是山东佛造像最为辉煌的时期。

山东的佛教造像得益于丝绸之路的交流传播，充分融合了东南亚、中亚等地区的造像风格，造像人物的体貌特征和衣着装饰展现出不同地域的人体特征，反映了山东佛造像艺术的包容性和开放性。

# 海纳百川多融合

## 双龙倒悬口衔莲

**贴金彩绘背屏三尊像**

东魏至北齐时期

高137cm　宽87cm　厚16cm

山东潍坊青州龙兴寺遗址出土

　　这座贴金彩绘背屏三尊像建造于东魏至北齐时期，为高浮雕背屏式三尊像，石灰石质。主尊螺发，袈裟轻薄贴体。造像沿袭青州地区背屏式造像的传统，舟形背光上部为伎乐飞天，帔帛（pèi bó）飞扬，或弹古琴、琵琶、阮，或吹笙、笛；主尊下部身侧有倒悬的双龙，口衔莲茎，莲花、莲叶形成基座将两位胁侍菩萨托起，胁侍菩萨的颈部佩戴金项圈，饰帔帛和璎珞，装饰十分精美。

## 路文助造背屏三尊像

东魏
高35.3cm　宽25.1cm
山东烟台莱阳一带出土

　　这尊造像石质色，如墨玉，为一佛二菩萨的三尊立像，后面衬有火焰背光。造像刀法劲利，衣纹简洁，主佛面相虽仍承北魏末期风格，但已显得方正，肩部也已变圆凸起；两菩萨直立如柱，足下莲瓣重叠，可看出东魏晚期造像已逐渐接近北齐时期的造像风格。背光后所刻造像铭记记录了路文助兄弟三人为其亡父祈愿的造像因缘。

背屏三尊祈心愿

悲悯何止踞庙堂

**张海波造三尊像**

北齐

高31cm　宽16.4cm　厚6cm

　　这尊北齐时期的造像名为张海波造三尊像。造像的主尊为菩萨像，两旁胁侍为弟子像，三像之间镂空。主尊菩萨像坐在台座上，左脚下垂撑地，右脚屈腿搭在左膝上，右手支下颌，左手抚在右脚踝上，作"思惟状"。这种坐姿的造像称为"半跏思惟像"，表现的是悲悯、忧思之情。

　　半跏思惟像源自公元2至3世纪时印度西北的犍陀罗，兴盛于中国南北朝时期，为中国佛教艺术中重要的造像内容之一。

# 神光笼罩近烟火

**贴金彩绘佛像**

唐代
高63cm
座长29cm　宽27cm
山东济南县西巷出土

　　隋唐时期，随着国家统一和社会繁荣，佛教逐渐走向民族化和世俗化，不但融入了中国传统的道教和儒家思想，而且吸收了民间信仰和审美习惯。就造像而言，全国范围内造像风格渐趋一致，逐渐摆脱了对神灵气质的刻画，转而着重对形体和人性的展现。到宋代，佛教造像已极具亲和力、生活气息浓厚。济南长清灵岩寺千佛殿宋代泥塑罗汉形象逼真、姿态各异，号称"海内第一名塑"。

　　济南县西巷考古发掘发现了迄今山东隋唐佛教造像数量最多、形象最精美的佛教寺院遗址。

# 丰盈秀美束罗裙

**菩萨像**
唐代
高100cm
山东济南县西巷出土

  唐代是我国佛教造像艺术发展的又一个高峰时期，尤其是菩萨造像，表现出典型的世俗化与女性化倾向。
  唐代菩萨像多脸庞圆润，曲眉丰颈，五官秀美，身体呈S形，上身袒露至腹，帔帛（pèi bó）斜挂；下穿罗裙，腰部有束带。服饰华美，帔帛环绕，璎珞小巧精致，衣服轻薄透体，纹线流畅自然。可惜，此菩萨像在出土时就已残缺，后人无法看到她的脸庞。

# 第二部分
# 山东佛寺遗存

中国佛教发展经过了南北朝、隋唐和两宋三个高潮时期，这也是佛教艺术逐渐中国化的历程。山东虽为儒家思想的发源地，但其佛教的发展几乎与全国其他地方同步，同时也有鲜明的地方特色。除造像艺术之外，山东境内还保存了其他众多古代佛教文物和遗存，如古寺残迹、佛塔、经幢、舍利石函、碑刻等，是了解山东古代佛教信仰状况的重要资料。古代寺院建筑虽早已化为尘土，但寺院废墟中破土而出的佛教文物，依然延续着"晨钟暮鼓"的千年余音。

**小知识：佛像手印**

在佛教中，佛像的手势也被称为"手印"，往往代表着不同的寓意和身份，象征其特殊的愿力与因缘，也表示佛教的各种教义。佛教手印繁多，变化也极为丰富，但常见的有五种，即与愿印、施无畏印、说法印、禅（chán）定印、触地印，又称释迦五印。

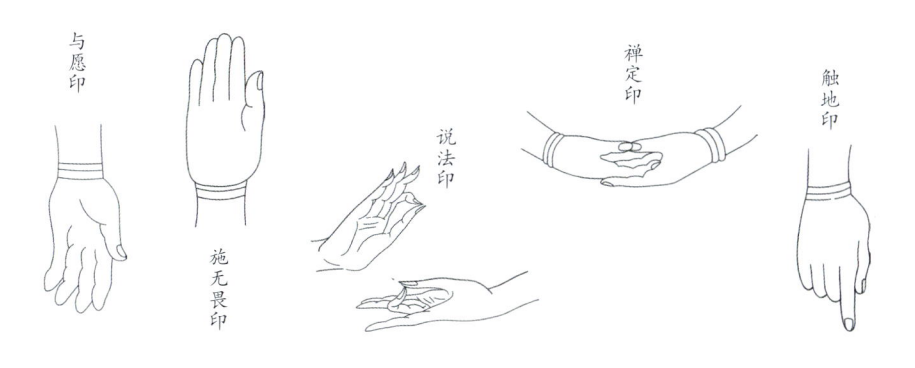

与愿印　施无畏印　说法印　禅定印　触地印

佛教造像艺术展　263

无畏救济大慈心

## 杨瓒（zàn）造龙虎塔

唐代
高259cm　宽110cm　厚110cm
山东青州段村烈士祠出土

　　杨瓒造龙虎塔原位于青州市朱良镇段村石佛寺内，1963年移至山东博物馆收藏。

　　该塔由须弥底座和五级塔身组成，现存八块石，残高259厘米。底部束腰石刻有忍冬枝叶纹、伎乐飞天、神人、异兽和花卉。

　　第一级塔身正面下部开一门，门楣之上浮雕两条倒悬的龙，门正中刻兽面纹，由于过去人们常将这种"兽面"视为虎面，"龙虎塔"因此得名。

　　门两侧是金刚形象。这些护法神明护持的对象是位于中央黑暗门洞中——塔心室内雕刻的一座五身的佛像，主佛像为倚坐式，身后站立着阿难、迦叶两位弟子和两位胁侍菩萨。虽然主尊佛像右手已残，但从姿势依然可以看出所结手印为"施无畏印"，表现了救济众生的大慈心愿。

　　塔身右侧面和背面有669字的题记，记录了塔主杨瓒造塔的因缘及施主姓名。塔铭同时也是一份珍贵的书法作品，颇得后代金石学者赏识。

精工细作惜佛缘

## 银塔

北宋

高70cm

山东聊城莘县燕塔第七层发现

  这座银塔是在拆除聊城莘县一座建于北宋年间的雁塔时于其第七层中发现的，铸有方形12级，以银片制成，做工极其精细。仿木结构的塔檐、斗拱一丝不苟，各层设有勾栏，顶部塔刹的莲座、香轮、仰月、宝珠更是一样不少，连四个角上稳定塔刹的铁链都模仿得惟妙惟肖。首层塔心室内有释迦牟尼佛像，塔外两侧是骑狮的文殊菩萨和骑象的普贤菩萨，做工之精细，令人赞叹。

  塔源自古印度，多用来供奉舍利、经卷或法物。塔传入中国后，结合本土建筑形式和传统观念，形成了极具中国特色的塔文化。塔的存在形式十分复杂，有的是建筑，有的是装饰纹样，但基于埋葬舍利的功能，塔也是佛的象征物。我国的佛塔按建筑材料可分为木塔、砖石塔、金属塔、琉璃塔等，两汉南北朝时以木塔为主，唐宋时砖石塔得到了发展。

## 第三部分
# 金铜造像

金铜佛即鎏金铜质佛教造像。与石刻和泥塑佛造像不同，金铜佛多铸造而成。金铜佛作为一种重要的佛教艺术造型，分布在南亚、中亚、东亚和东南亚佛教流行的广大地区，在人们的佛事活动中曾扮演过重要角色。我国汉魏时期即有制作金铜佛的记载，此后历代均有发展，其中的汉地造像与藏传造像各成系统。

千手千眼护众生

**千手观音铜像**

明代

高212cm

  这是明代铸造的一尊千手观音铜像,是金铜造像中难得的珍品。观音结跏趺(jiā fū)坐,头戴宝冠,共有11张面孔,分5层排列。全身共计48手,身前双手合十,其下双手为禅(chán)定印,其余各手或执法器或施手印,手中刻有法眼,左右巧妙分布。

  千手观音又称千手千眼观世音,或千眼千臂观世音等,是我国民间信仰的四大菩萨之一。"千"意为无量及圆满之义,千手表示遍护众生,千眼则表示遍观世间。

# 山东龙
## ——穿越白垩纪

爬行动物是中生代地球上的"统治者",其中恐龙称霸陆地,翼龙翱翔天空,鱼龙和蛇颈龙等统领海洋。恐龙最早出现在三叠纪中期,在侏罗纪遍布各大陆,到了白垩纪多样性达到巅峰。恐龙的一支演化为鸟类,其余的在6600万年前突然灭绝,留下许多未解之谜。

山东莱阳、诸城、蒙阴等地白垩纪地层中保存的恐龙及其遗迹化石,数量丰富,属种多样,堪称恐龙帝国中"迷失的白垩纪世界"。山东也是中国最早进行恐龙科学发掘与研究的地区,从20世纪初开始,谭锡畴、杨钟健等一大批杰出的地质和古生物学家代代相承,投身山东恐龙的

发掘与研究，推动了中国恐龙研究事业的发展，拼缀出白垩纪山东恐龙的生命图景。

让我们一起穿越到白垩纪，走进山东恐龙乐园，感受恐龙时代的壮丽恢宏，探索生命演化的永恒主题。

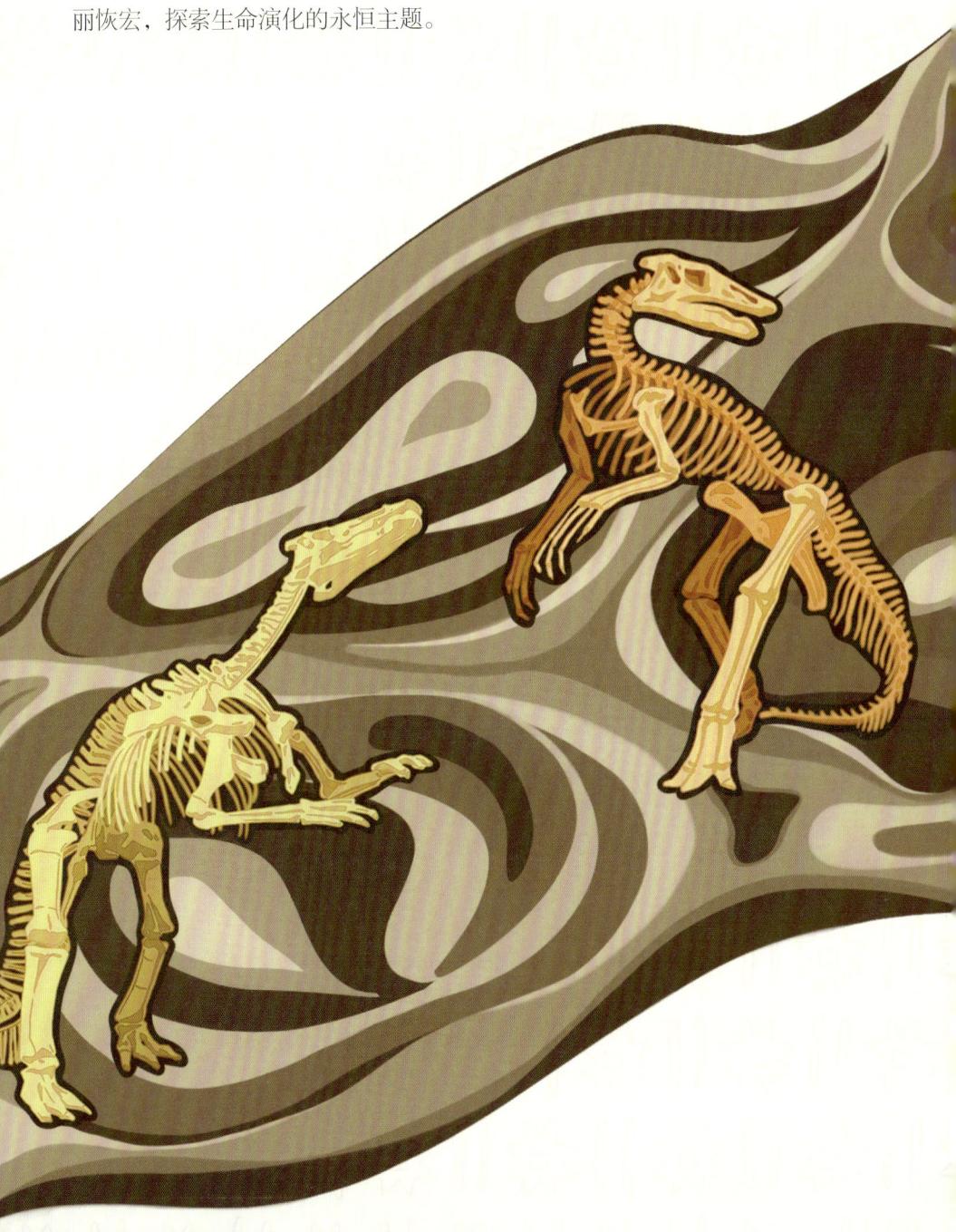

## "山东大汉"齿最丰

**巨型山东龙**

白垩纪
体长约1400cm　高约800cm　头长约163cm
山东诸城

  巨型山东龙是迄今为止世界上发现的最大的鸭嘴龙类恐龙，堪称恐龙家族中的"山东大汉"。它们的前、后肢末端都为爪蹄状，前肢较短，指骨发达，可做出灵活的抓握动作；后肢为鸟脚形，以趾骨着地；尾部粗长，行走时抬起以保持身体平衡。它们主要以植物为食，偶尔也会捕食螺、蚌、虾、小鱼等。为了抵御捕食者，它们过着群居生活。

  山东龙虽然体形硕大，但既没有坚实的甲，又没有锐利的尖角，甚至颌骨前部都没有牙齿，然而其后部约有数百颗可再生的牙齿，是世界上牙齿最多的恐龙之一。

## 师氏盘足龙（模型）

白垩纪
体长约1100cm　肩高250cm
山东新泰

　　师氏盘足龙发现于山东蒙阴宁家沟（现属新泰），是中国命名的第一种蜥脚类恐龙。它的体形较其他巨龙型类矮小，很可能还未发育完全。

　　盘足龙最大的特点就是它那长而壮的脖子，几乎快达到全身的一半长，这使得它们横向采食的范围非常广，只需站在原地就能吃到周围一圈的植物。

　　盘足龙的名字源于其希腊语命名，意思是"出色的湿地的脚"。师氏盘足龙标本被发现后，运到了瑞典乌普萨拉大学进行研究，现仍保存在该大学的演化博物馆内。

长颈采食不费力

山东龙　271

# 鹦鹉嘴龙行亚洲

**中国鹦鹉嘴龙头骨**

白垩纪
长15cm　宽14cm　高12cm
山东莱阳

　　1950～1953年间，在山东莱阳出土了一种鹦鹉嘴龙化石，古生物学家将其命名为"中国鹦鹉嘴龙"。它长有类似鹦鹉喙部的嘴，两足行走，体长1～2米。鹦鹉嘴龙拥有锐利的牙齿，可用来切割、切碎坚硬的植物。然而，它们却没有适合咀嚼或磨碎植物的牙齿。因此，鹦鹉嘴龙像现代鸟类一样，通过吞食石头来协助磨碎消化系统中的食物。

　　鹦鹉嘴龙是亚洲特有的恐龙，目前已发现10种。我国山东、内蒙古、新疆、辽宁等地都出土过鹦鹉嘴龙化石。此外，泰国、俄罗斯、蒙古国等国也有分布。通过化石的埋藏现象可以得知鹦鹉嘴龙为群居动物。科学家推测，鹦鹉嘴龙群体中可能存在育幼行为。

---

**小知识：恐龙的食性**

　　很多人以为恐龙是可怕的肉食性动物，其实，许多恐龙是温和的植食性动物，还有些恐龙属于杂食性动物。

　　肉食性恐龙的体形差异较大，从体长不足1米的黄昏龙到体长超过11米的霸王龙。它们依靠后肢站立和行走，因此后肢强壮有力，而前肢却很短小。肉食性恐龙不只吃植食性的恐龙，还吃昆虫或其他动物。从恐龙下颌骨及牙齿的形状和排列，就可以判断恐龙的食性。

　　植食性恐龙的数量较肉食性恐龙多，它们可食用的植物主要有针叶树、银杏树、苏铁类植物以及小一些的蕨类植物等。由于不同种类的植食性恐龙偏好的植物种类不尽相同，因此植食性恐龙演化出了多样化的牙齿结构，这些牙齿能帮助他们切割和咀嚼植物的叶片和嫩茎。

# 不见北方狼鳍鱼

## 中华狼鳍鱼

白垩纪

长28cm　宽16cm　厚1cm

山东莱阳

狼鳍鱼是中国发现最早的真骨鱼类，它的名字由德国著名解剖学家穆勒于1848年首次提出。狼鳍鱼种类很多，是东亚地区特有的淡水鱼类，主要分布于我国北部，在我国辽宁北票市分布最广、数量最多；它们与恐龙基本同时代，现已灭绝。

狼鳍鱼呈纺锤形，个头较小，一般只有10~20厘米，多数种类牙齿较小，呈尖锥形，以浮游生物、小昆虫和昆虫卵为食；背鳍位置靠后，与臀鳍相对，圆鳞。

---

**小知识：胃石**

有的恐龙化石的身体中，会发现一些磨光的石头。这些石头大小各异，是恐龙吃到肚子里的胃石。胃石在恐龙的胃里像石磨一样，挤压搅拌食物，把它们磨成松软的浆状以便消化。由于长期在胃里搅动摩擦，胃石变得圆而且光滑。胃石解释了为什么许多植食性恐龙特别是蜥脚类恐龙没有咀嚼的牙齿这一现象。

# 中国角龙填空白

**诸城中国角龙（模型）**

白垩纪

长约600cm　高约200cm

山东诸城

　　诸城中国角龙是亚洲地区发现的第一种角龙科恐龙，它拥有坚硬的颈盾与鼻角，四足行走。诸城中国角龙体长约6米，高2米，重2吨，头骨长度超过1.8米，宽度至少有1.5米。它们是一种植食性恐龙，以苏铁科或棕榈科植物为食。嘴呈鸟喙状，适合拉扯植物。牙齿众多，磨损后会被新牙替换。

　　诸城中国角龙拥有厚重的颈盾，它们位于角龙最脆弱的颈部，据推测，除了用来防御，还可帮助角龙散热和咀嚼食物。当体温过高时，诸城中国角龙可以通过颈盾来增加散热面积；而在进食时，中国角龙则依靠沉重的颈盾与下颌力量增强咀嚼的力度，嚼碎坚硬的植物根茎。颈盾上有十几个弯曲的角，其颅骨中还耸立着长约0.3米的鼻角，受到袭击时，诸城中国角龙会利用这些结实的尖角防御。

　　诸城中国角龙的发现，证实了北美以外的地区同样存在着晚白垩世进化的角龙科恐龙，填补了角龙研究领域的空白，为角龙类恐龙的分类、演化、迁徙与扩散等问题的研究提供了全新视角。

## 棘鼻青岛龙（模型）

白垩纪
长约670cm　高约450cm
山东莱阳

**鸭嘴棘鼻称第一**

1951年夏，古生物学家在莱阳金岗口村发掘出了很多鸭嘴龙类化石，经修理和研究，装架后成为我国发现最完好的鸭嘴龙骨架——棘鼻青岛龙，它是新中国成立后发现的第一种恐龙有"新中国第一龙"的美称。棘鼻青岛龙体长约6.7米、高约4.5米，头骨上有骨棒状棘突，一般两足行走，可能以群体方式生活。

鸭嘴龙是鸟臀类恐龙进化到后期最为成功的一类。根据支撑头饰的脊冠构造与类型的不同，鸭嘴龙类可分为兰氏龙亚科和鸭嘴龙亚科。兰氏龙亚科一般有头盔状或冠状的头饰；而鸭嘴龙亚科大多没有头饰，少部分有实心头饰（由较小的鼻骨构成）。拥有奇异"棘鼻"的青岛龙是兰氏龙亚科的一员。

---

**小知识：鸟类起源**

有没有发现有些恐龙和我们现在的鸟类很像？虽然鸟类的起源还没有定论，但是科学家普遍接受恐龙可能就是鸟类的祖先或近亲。最早明确提出这一论点的是英国古生物学家赫胥黎，他在1868年首次提出了鸟类可能起源于恐龙的观点。随着科学研究的深入，特别是各种恐龙化石被不断发现，科学家发现两者有许多相似之处。比如，它们的骨骼结构、行为和生理特征、行动方式、繁殖方式都极为接近，有的恐龙还长有羽毛。这为鸟类起源于恐龙的观点提供了强有力的证据。

## 柏树干硅化木

白垩纪
长14cm　宽10cm　高12cm
山东

　　这件柏树干硅化木保存良好，树木裂纹和生长痕迹分明。
　　硅化木是树木被迅速埋藏，且在漫长的埋藏过程中，原本的木质素等成分被带出，以二氧化硅为主的其他物质被带入，取代了木质成分，发生石化作用而形成的。它已经完全石质化，木质纤维已荡然无存，但树木的木质结构和纹理依旧清晰可见，甚至连斑驳的树皮和年轮都清清楚楚。
　　硅化木质地细腻坚硬，色彩丰富，多有土黄、淡黄、黄褐、红褐、灰白、灰黑等，加之有清晰典雅的纹理，因此，是制作山石盆景、工艺品和首饰的绝佳材料。

**一段老木似当年**

## 中国谭氏龙股骨远端化石

白垩纪
长35cm　宽24cm　厚15cm
山东莱阳

　　中国谭氏龙是大型植食性恐龙，1923年由中国地质学家谭锡畴在山东莱阳将军顶村发现，瑞典古生物学家维曼在研究该化石后将其归为鸭嘴龙类，并以发现者谭锡畴的姓氏作为属名，它是中国最早被命名的鸭嘴龙。
　　此为中国谭氏龙股骨远端化石。股骨即为大腿骨，股骨远端指的是整个大腿骨靠近膝关节这部分。

**谭氏命名鸭嘴龙**

## 厚皮圆形蛋／金刚口椭圆形蛋

白垩纪

山东莱阳

恐龙如同现在的爬行动物，通过生蛋繁衍后代。恐龙蛋的孵化期长短取决于温度情况，可能是几个星期，也可能是几个月。中国白垩纪陆相沉积地层中发现了大量保存完好的恐龙蛋，其中还有一些珍贵的含有胚胎骨骼的蛋化石。

厚皮圆形蛋

金刚口椭圆形蛋

**恐龙遗蛋胎未成**

莱阳不仅出土恐龙化石，同时还发现了大量的恐龙蛋化石，这是恐龙卵生的直接证据。

1950年，山东大学地矿系师生在莱阳进行野外考察时发现了若干恐龙蛋化石，1951年对这批蛋化石进行了研究。通过对蛋化石的研究，我们有机会了解恐龙的繁育习性，开启了中国恐龙蛋化石研究的先河。

---

**小知识**

**蛋壳的显微结构**

恐龙蛋为一类羊膜卵，外部有一层坚硬的方解石蛋壳，内部是一层致密的壳膜，起到防止机械损伤、水分散失和微生物侵害的作用，为内部胚胎的发育提供有效的微环境。研究表明不同种类恐龙蛋蛋壳的显微结构有明显差异，不同类型蛋壳发育有形态各异的气孔，用于卵内外气体交换。

**恐龙灭绝的原因**

关于恐龙灭绝的原因，存在多种假说，有气候变迁说、物种斗争说、大陆漂移说、地磁变化说、被子植物中毒说、酸雨说以及小行星撞击地球说等等。其中以小行星撞击地球说接受度最广。在6600万年前，有一颗直径7～10千米的小行星坠落到地球表面，引起一场大爆炸，把大量的尘埃抛入大气层，形成遮天蔽日的尘雾，导致植物的光合作用暂时停止，恐龙因此而灭绝。

## 生字词注音释义

| 顺序 | 生字词 | 释义 |
|---|---|---|
| A | 賹（ài） | 记人，记物。賹化是战国后期齐国所铸的一种环钱。 |
| B | 锛（bēn） | 1.木工用的一种工具，用时向下向内用力砍，称"锛子"。2.动词，用锛子一类东西砍。 |
| | 箅（bì） | 有空隙而能起间隔作用的片状器具。 |
| | 弁（biàn） | 1.古代男子戴的一种帽子。2.指武官（古时武官戴皮弁）。3.在前面的。 |
| | 藨（biāo） | 1.古通"穮"，除草。2.草莓。3.藨藨：勇武的样子。4.姓。多音字，读（páo）时，古同"麅"，麅子，鹿的一种，颈长尾短，雄性有角，吃青草、野果和野菌等。 |
| | 镳（biāo） | 勒马口用具的一部分。与"衔"连在一起，"衔"横在马口中，镳在马口两旁。 |
| | 钵（bō） | 1.敞口器皿。似盆而小，多由陶瓷制成。2.特指僧人的食器。形圆而扁，平底，口略小，用铁或泥制成。 |
| | 僰（bó） | 中国古代少数民族名。 |
| | 亳（bó） | 地名用字，如亳州，在安徽省。 |
| | 擘窠（bò kē） | 1.写字、篆刻时，为求字体大小匀整，以横直界线分格，叫"擘窠"。擘，划分；窠，框格。2.指大字。 |
| C | 铊（chá） | 铊尾，也作"挞尾""獭尾""塌尾""鱼尾"。职官、士庶所系腰带的尾部。 |
| | 铳（chòng） | 用火药发射弹丸的管形火器。 |
| | 醜（chǒu） | 同"丑"，1.丑陋，不好看。2.叫人厌恶或瞧不起的。 |
| | 錞（chún） | 1.古代一种铜制的军乐器，形如圆筒，上大下小，顶上多作虎形钮，可悬挂，常与鼓配合。2.靠近。 |
| | 琮（cóng） | 古代一种玉器，外边八角，中间圆形，常用作祭地的礼器。 |
| | 辏（còu） | 车轮的辐条集中在毂（gǔ）上。 |
| D | 纮（dǎn） | 1.古时冠冕（miǎn）上用来系瑱（tiàn，即垂在冠冕两侧的装饰物）的带子。2.缝在被端用以区别上下的丝带。3.敲，击。4.击鼓声。 |
| | 石（dàn） | 市制容量单位。十斗为一石。（用此义时在古书中读shí，如"二千石、万石"等。）多音字，读（shí）时，指石头。 |
| | 囤（dùn） | 用竹篾、荆条等编成或用席箔等围成的盛粮食的器物。多音字，读（tún）时，为储存。 |
| E | 轭（è） | 牛拉东西时架在脖子上的短粗曲木 |
| | 珥（ěr） | 1.用珠子或玉石做的耳环。2.太阳、月亮周围的光晕。3.插。一般指插在帽子上。 |
| F | 缶（fǒu） | 古代一种大肚子小口儿的盛酒瓦器。 |

续表

| 顺序 | 生字词 | 释义 |
|---|---|---|
| F | 幞（fú） | 幞头，古代男子用的头巾。 |
| | 黻（fú） | 古代礼服上绣的青黑相间的花纹。 |
| | 黼（fú） | 古代礼服或礼器上绣的或画的黑白相间的斧形花纹。 |
| | 釜（fú） | 1.古炊具。2.古量器名。坛形，小口大腹，有两耳。 |
| | 頫（fú） | 同"俯"，向前屈身低下头（跟"仰"相对）。 |
| | 簠（fú） | 古代祭祀时盛谷物的方形器皿。 |
| | 蚹（fú） | 1.蛇腹下代足爬行的横鳞。2.蛇皮。 |
| G | 镐（gǎo） | 掘土工具。多音字，读（hào）时，西周初期的国都，即镐京故址在今陕西西安西南。 |
| | 觚（gū） | 1.古代酒器，青铜制，盛行于中国商代和西周初期，喇叭形口，细腰，高圈足。2.古代用来书写的木简。3.棱角。4.剑柄。5.古同"弧"，独立不群。 |
| | 毂（gǔ） | 车轮中心的部分。有圆孔，可以插入车轴并同辐条相连接。多音字，读（gū）时，"毂辘"同"轱辘"，指车轮。 |
| | 埂（gù） | 堤。多用于地名，如龙埂（在江苏）、牛王埂（在河南）。 |
| | 圭（guī） | 1.古代帝王贵族举行典礼时所用的一种玉器。2.古代测日影的仪器。3.古容量单位。一升的十万分之一。 |
| | 妫（guī） | 1.水名，如妫河，在北京。2.姓。 |
| | 鬶（guī） | 古代陶制或铜制炊具。有三个空心足。 |
| | 簋（guǐ） | 古代盛食物的器具，圆口，两耳。 |
| | 衮（gǔn） | 古代天子祭祀时穿的绣有龙形的礼服。后泛指古代君主、王公的礼服。 |
| H | 盉（hé） | 调酒器。 |
| | 阖闾（hé lǘ） | 人名。春秋吴王，名光。 |
| | 珩（héng） | 古代一组玉佩上面的横玉，形状像磬（qìng）。 |
| | 斛（hú） | 旧量器，方形，口小，底大，一斛本为十斗，后来改为五斗。 |
| | 笏（hù） | 古代臣子朝见君主时手中所拿的狭长的板子，按等级分别用玉、象牙等制成，上面可以记事。 |
| | 圜（huán） | 同"环"，本意环绕。多音字，读（yuán）时，同"圆"。 |
| | 璜（huáng） | 半璧形的玉。 |
| | 篁（huáng） | 竹林，泛指竹子。 |
| | 隳（huī） | 毁坏。多音字，读（duò）时，古通"惰"，懒惰。 |

生字词注音释义 279

续表

| 顺序 | 生字词 | 释义 |
|---|---|---|
| J | 戟（jǐ） | 古代兵器。长柄一端装有枪尖，旁边附有月牙形锋刃，可以直刺和横击。 |
| | 冀（jì） | 古国名，又作其，商周封国，姜姓，在今山东省莒（jǔ）县北。 |
| | 跏趺（jiā fū） | 指佛教中修禅者的坐法。 |
| | 蛱（jiá） | 蝴蝶的一类。成虫赤黄色，翅有鲜艳的色斑。幼虫灰黑色，身上有很多刺。有的吃麻类植物的叶子，对农作物有害。 |
| | 襇（jiǎn） | 衣服上的褶子。 |
| | 滰（jiàng） | 把淘的米滤干。 |
| | 徼（jiǎo） | 1.求。2."侥（jiǎo）"的异体字。多音字，读（jiào）时，1.巡察，巡逻。2.边界。 |
| | 徼（jiǎo） | 1.求。2."侥（jiǎo）"的异体字。多音字，读（jiào）时，1.巡察，巡逻。2.边界。 |
| | 玠（jiè） | 大的圭（guī），古代的一种礼器。 |
| | 搢（jìn） | 1.插。2.振，摇。 |
| | 臼（jiù） | 1.中部下凹的舂米器具，用石头制成，样子像盆：石臼。2.形状像臼的东西：臼齿。 |
| | 琚（jū） | 佩玉。 |
| | 莒（jǔ） | 1.古代对"芋"的别称。2.中国周代诸侯国名，今山东省莒县一带。 |
| | 秬鬯（jù chàng） | 用黍和香草酿的酒。古代将黑黍和郁金香草酿造的酒用于祭祀降神及赏赐有功的诸侯，是古代皇帝九种特赐用物（九锡）之一。 |
| K | 阚（kàn） | 姓。多音字，读（hǎn）时，指虎叫声。 |
| | 銙（kuǎ） | 1.古代附于腰带上的装饰品，用金、银、铁、犀角等制成。2.形似带銙的一种茶，称"銙茶"。 |
| | 夔（kuí） | 1.夔夔，敬谨恐惧的样子。2.夔立：肃立。3.古代传说中的一种龙形异兽。 |
| L | 襕（lán） | 古代上下相连的长袍。 |
| | 罍（léi） | 1.古代一种盛酒的容器。小口，广肩，深腹，圈足，有盖，多用青铜或陶制成。2.盥洗用的器皿。 |
| | 耒（lěi） | 1.古代农具，形状像木叉。2.古代翻土农具耜（sì）上的曲柄。 |
| | 鬲（lì） | 古代炊具。样子像鼎，足部中空。多音字，读（gé）时，1.用于人名。2.鬲津河：古水名，发源于河北，经山东入海。 |
| | 奁（lián） | 1.古代盛梳妆用品的匣子。2.泛指盛放器物的匣子。3.古时盛放香炉的笼子，亦称"香笼"。4.嫁妆。 |
| | 鬣（liè） | 某些动物颈上的长毛。 |
| | 旒（liú） | 1.古代旗子上的飘带。2.古代帝王礼帽前后下垂的玉串。 |

续表

| 顺序 | 生字词 | 释义 |
|---|---|---|
| L | 卤簿（lǔ bù） | 是古代国家君主重大国事活动上的典章制度，代表着一国的体面和尊严。 |
| | 辂（lù） | 1.古代车名。多指帝王乘坐的大车。 |
| | 盝（lù） | 盝顶，古代传统建筑的一种屋顶样式，顶部有四个正脊围成平顶，下接庑（wǔ）殿顶。 |
| M | 芈（mǐ） | 中国古代姓氏。 |
| | 渳（mǐ） | 同"弥"。 |
| N | 廿（niàn） | 数词，二十。 |
| | 耨（nòu） | 1.农具名。似锄，用以除草。2.除草。 |
| P | 蟠虺（pán huī） | 青铜器纹饰的一种，以蟠曲的小蛇形象，构成几何图形。 |
| | 鋬（pàn） | 器物上用手提的部分。 |
| | 帔（pèi） | 古代披在肩背上的服饰。 |
| | 帔帛（pèi bó） | 一种历史悠久的服饰，主要用于覆盖人体的肩背部，具有御寒和增添风度的作用。 |
| | 辔（pèi） | 驾驭牲口的缰绳。 |
| | 邳（pī） | 地名用字，如邳县，古称邳国，位于江苏省北部。 |
| Q | 啓（qǐ） | 同"启"，打开、开始。 |
| | 戗（qiāng） | 1.方向相对，逆。2.（言语）冲突。3.多音字，也读（qiàng），填，支撑。 |
| | 骹（qiāo） | 轴状物体较细的部分。 |
| | 鞘（qiào） | 装刀剑的套子。多音字，也读（shāo），鞭鞘：拴在鞭子头上的细皮条等。 |
| | 苘（qǐng） | 苘麻：一年生草本植物。茎皮多纤维，供制绳索用，种子供药用。 |
| | 磬（qìng） | 1.古代打击乐器，形状像曲尺，用玉、石制成，可悬挂。2.佛寺中使用的一种钵（bō）状物，用铜铁铸成，既可作念经时的打击乐器，亦可敲响集寺众。3.缢杀。4.古同"罄"，空，尽。 |
| | 銎（qióng） | 斧子上安柄的孔。 |
| S | 翣（shà） | 1.古代仪仗中长柄的羽扇。2.古代殡车棺旁的装饰。 |
| | 禅（shàn） | 把帝位让给别人。多音字，读（chán）时，1.佛教用语，"禅那"的简称，指静思。2.泛指与佛教相关的人或事。 |
| | 豕（shǐ） | 猪。 |
| | 沭（shù） | 水名，如沭河，发源于山东，流入江苏。 |

生字词注音释义 281

续表

| 顺序 | 生字词 | 释义 |
| --- | --- | --- |
| S | 巳（sì） | 1.地支的第六位。2.巳时。指上午九点到十一点。 |
| | 耜（sì） | 古代农具耒（lěi）下端铲土的部分，起先把木削成三角尖形充当，后来以铁为之。 |
| | 睢（suī） | 地名用字，如睢县，在河南。 |
| T | 炱（tái） | 烟炱，烟气凝积而成的黑灰（俗称"烟子"或"煤子"）。 |
| | 饕餮（tāo tiè） | 中国古代神话传说中的一种凶恶贪食的野兽，四大凶兽之一。古代鼎、彝等铜器上面常用它的头部形状做装饰，称饕餮纹。 |
| | 绹（táo） | 绳索。 |
| | 砣（tuó） | 1.碾盘上的石轮子。2.秤锤。3.量词，用于计量团状或块状物。 |
| | 橐（tuó） | 1.一种口袋。2.拟声词，硬物连续撞击地面等的声音 |
| W | 绾（wǎn） | 1.系挂。2.把长条形的东西盘绕起来打成结。3.卷 |
| | 隹（wéi） | 古同"惟"，助词，用于句首，表发端。多音字，读（cuī）时，畏隹：古同巍崔：高峻。读（zhuī）时，为短尾鸟的总称。 |
| | 軎（wèi） | 古代车上的零件，青铜制，形如圆筒，套在车轴的两端。亦作"輗"。 |
| | 瓮（wèng） | 盛东西的陶器，腹部较大。 |
| | 兀术（wù zhú） | 金兀术：金朝时期名将，金太祖完颜阿骨打第四子。 |
| | 杌（wù） | 较矮的凳子。 |
| X | 郗（xī） | 姓。 |
| | 觽（xī） | 古同"觿"，古代用骨、玉等制作的解结的锥子。 |
| | 舄（xì） | 泛指鞋。 |
| | 铣（xiǎn） | 1.有光泽的金属。2.小凿。3.古代钟下的两角。4.以金装饰弓的两头。多音字，也读（xǐ），一种用圆形能旋转的多刃刀具。切削金属的专用设备，称"铣床"，上有"铣刀"。也指在铣床上加工金属工件。 |
| | 跣（xiǎn） | 赤脚。 |
| | 獬豸（xiè zhì） | 中国古代神话传说中的神兽 |
| | 囟（xìn） | 囟门：顶门，婴儿头顶骨未合缝的地方。 |
| | 髹（xiū） | 1.用漆涂在器物上。2.古代称红黑色的漆。 |
| | 烋（xiū） | 同"休"，道烋为人名。 |
| | 盨（xǔ） | 古代盛食物的铜器，椭圆口，有盖，两耳，圈足或四足。 |

续表

| 顺序 | 生字词 | 释义 |
|---|---|---|
| Y | 綖（yán） | 1.古代覆盖在帽子上的一种装饰物。2.古通"延"，延缓；松懈。多音字，读（xiàn）时，古同"线"，用棉、毛、丝、麻或金属等制成的细长的东西。 |
| | 渷（yǎn） | 1.渷水，古河名，在今中国福建省明溪县。2.古河名，中国济水的别称。 |
| | 轺（yáo） | 1.轺车，古代一种轻便的小车。2.军车。 |
| | 曳（yè） | 1.拖，牵引。2.飘摇。 |
| | 曳撒（yè sā） | 古代的一种戎装。短袖或无袖者称袴（kù）褶，长袖者称曳撒。 |
| | 匜（yí） | 古代盥洗时舀水用的器具，形状像瓢。 |
| | 轙（yǐ） | 1.车衡上贯穿缰绳的大环。2.整车待发。 |
| | 峄（yì） | 山名，如峄山，在山东。 |
| | 挹（yì） | 1.舀，把液体盛出来。2.拉。3.古同"抑"，抑制，谦退。4.古同"揖"，作揖。 |
| | 媵（yìng） | 1.古代贵族女子出嫁时陪嫁的人。2.妾。 |
| | 卣（yǒu） | 古代一种盛酒的器具，口小腹大，有盖和提梁。 |
| | 玙（yǔ） | 像玉的石头。 |
| | 辕（yuán） | 1.车前驾牲畜的木杆。先秦时代为一根曲木，在车的中间；汉代以后一般为两根直木，在车前两侧。2.辕门，旧时称军营的门，又借指官署。 |
| | 掾（yuàn） | 古代属官的通称。 |
| | 戉（yuè） | 同"钺"。 |
| | 钺（yuè） | 古代兵器。似斧而大，刃口呈弧形，长柄，金属制成，也有玉石做的。多用于仪仗。 |
| Z | 錾（zàn） | 1.凿金石用的工具。2.在金石上雕刻。 |
| | 瓒（zàn） | 古代祭祀时用的玉勺子。 |
| | 帻（zé） | 古代的一种头巾。 |
| | 缯（zēng） | 古代对丝织品的统称。多音字，也读（zèng），绑，扎。 |
| | 甑（zèng） | 1.古代蒸饭的一种瓦器，底部有许多透蒸汽的孔格，置于鬲（lì）上蒸煮，如同现代的蒸锅。2.甑子：现在蒸饭用的木制桶状物，有屉而无底。3.蒸馏或使物体分解用的器皿。 |
| | 札（zhá） | 1.古代书写用的小木片。2.书信。3.古代用于向皇帝或长官进言议事的一种公文。4.笔记。 |
| | 獐（zhāng） | 獐子，也叫牙獐，像鹿而较小。雌雄都没有角，雄的有獠牙，露在嘴外。 |
| | 璋（zhāng） | 古玉器名，用作礼器。 |

续表

| 顺序 | 生字词 | 释义 |
| --- | --- | --- |
| Z | 诏敕（zhào chì） | 帝王的命令，亦作"诏勅"，指诏书。 |
|  | 柘（zhè） | 柘树，落叶灌木或小乔木。 |
|  | 轸（zhěn） | 1.古代指车箱底部四面的横木。2.沉痛，悲痛。3.星宿名，二十八宿之一。 |
|  | 钲（zhēng） | 古代的一种乐器，用铜做的，形似钟而狭长，有长柄可执，口向上以物击之而鸣，在行军时敲打。多音字，也读（zhèng），化学元素"锗"的旧称。 |
|  | 觯（zhì） | 古代饮酒器皿。用青铜、兽角、木料等制成。 |
|  | 驺（zōu） | 古代给贵族掌管车马的人。 |
|  | 辎（zī） | 1.古代有帷盖的大车。2.古代指装载军需物资的大车。 |
|  | 镞（zú） | 箭头： 箭镞。 |
|  | 樽（zūn） | 古代的盛酒器具。 |

# 忆华年主要文博类出版物

## 博典·博物馆笔记书

已出版——
《故宫里的海底精灵》
《故宫里的晴空白羽》
《故宫里的瑰丽珐琅》
《故宫里的温润君子》
《故宫里的金色时光》
《故宫里的琳琅烟云》
《故宫里的夜宴清歌》
《故宫里的阆苑魅影》
《故宫里的诗经墨韵》
《故宫里的洛神之恋》
《故宫里的金枝玉叶》
《故宫里的花语清风》
《故宫里的天子闲趣》
《故宫里的丽人雅趣》
《故宫里的童子妙趣》
《故宫里的禅定瑜伽》
《故宫里的花样冰嬉》
《故宫里的森林"萌"主》
《渔舟唱晚·墨霖山海》

待出版——
《故宫里的丹心爱犬》
《故宫里的绿鬓红颜》
《故宫里的顽皮宝贝》
《故宫里的十二生肖》
《故宫里的百态造像（动物）》
《故宫里的百态造像（人物）》

## 全国博物馆通识系列·一本博物馆

已出版——
《一本博物馆 南京博物院》
《一本博物馆 陕西历史博物馆》
《一本博物馆 湖北省博物馆》
《一本博物馆 湖南博物院》
《一本博物馆 辽宁省博物馆》
《一本博物馆 大同市博物馆》
《一本博物馆 广西壮族自治区博物馆》
《一本博物馆 重庆中国三峡博物馆》
《一本博物馆 山东博物馆》

待出版——
《一本博物馆 中国（海南）南海博物馆》
《一本博物馆 广东省博物馆》
《一本博物馆 成都博物馆》
《一本博物馆 安徽博物院》